ウィルフレッド・ビオン
未刊行著作集

クリス・モーソン ［編］
Chris Mawson

福本 修 ［訳］

誠信書房

W・R・ビオン，タヴィストックセンター，1976年

編者の序論

　本巻に収録されたビオンのこれまで公刊されていなかった著作は，四つの論文と 1968 年から 1969 年にかけての「続・思索ノート」から成る。

　最初の論文の題は，「人間をどう概念化するか」である。それは元々，同じ題で計画された本のための一章として書かれ，『精神病の精神療法（*Psychotherapy of the Psychoses*)』(1961) の編者でもあるアーサー・バートンが編集する予定だった。ビオンはその本への寄稿候補者として，ジョン・ハーバード＝ワッツから推薦されていた——後者はその頃フランチェスカ・ビオンに，『さまざまな集団における経験（*Experiences in Groups and Other Papers*)』(1961) の諸論文を本として出版するように，夫を説得してはどうかと提案していた。バートンの本は，さまざまな思索者たちが人間を，「その基本的な性質と人間性において」どのように考えているかを明らかにしたはずのものだった。

　結局，『人間をどう概念化するか』企画は書籍化されず，ビオンは自分の論文の原稿をファイルに綴じ込んで，忘れてしまったようである。興味深いことに，他の寄稿者の中には，ジャン＝ポール・サルトル，マルティン・ブーバー，カール・ヤスパース，トーマス・サス，アラン・W・ワッツが含まれていた。ワッツは『禅の発生と発展（*The Rise and Development of Zen*)』の著者で，ビオンはその本に，記憶と理解・欲望についての自分の考えとの関連で関心を抱いた。

　ビオンによる人間の概念化の中心にあるのは，情動を持って生きているという問題である。ビオンは，「あなたは（あるいは私たちは，あるいは彼らは）自分を誰**である**と思っているのか？」という問いから始める。これは一般に，彼が論文で用いる仕方とは違って，もっと横柄に問われることである。ビオンは，自分が何者であるかについての空想が，私たちのパーソナリティや他者に対する行動を構造化する影響を与えることを，私たちに思い出させる。いかに

もビオンらしく，彼はこの本の編集者が彼に投げかけた質問に答える代わりに
——彼が人間という存在，あるいは人間の条件をどう見ているのかを述べる代
わりに——彼は，私たちが自分自身についての概念を形成する存在であり，そ
の概念は私たちが参加する人間関係の性質を方向づける手段となるという事実
から始める。この強調は，1979年の最終論文「悪条件下で最善を尽くすこと
(*Making the Best of a Bad Job*)」(『ビオン全集』〔以降，特に断りがない場合，第○
巻は『ビオン全集』の巻数を示す〕第10巻参照) において，〈自己〉と〈自己〉
のコミュニケーションの性質を考える必要性——特に自己理想化との関連にお
いて再び浮上した。

　ビオンは冒頭の問い——私たちは自分を何者だと考えているのか？——から，
人間はある「選択」に直面している情動的存在であるという捉え方へと進む。
その選択とは，「感情」を回避するのか，それとも感情の現実に直面し，生み
出された苦痛を，何とかして源で修正するのか，である。この区別は，フロイト
の「心的生起〔英訳SEでは精神機能〕の二原理に関する定式化」(Freud, 1911b)
に基づく。『経験から学ぶこと (*Learning from Experience*)』の基礎をなす諸概
念は「人間をどう概念化するか」の中で，フロイトの記述に従って明確に述べ
られている。すなわちフロイトによれば，不要な内容を精神から取り除くこと
ができるという空想は，投影という心の過程によってもたらされる——それ
は，筋肉作用という身体的現実に依拠する。この論文は，ビオンがメラニー・
クラインの投影同一化の理論をどのように利用し，拡張して，彼の容器 - 内容
(♀♂) のモデルを構築したかを簡潔に記述している点で，注目に値する。彼
は，このアイデアの拡張が「その提案者が意図した以上のこと」を説明してい
ると書く。言い換えれば，投影同一化は，容器 - 内容（そして後の定式化で
は，クラインの二つの心のポジションの間を揺れ動く操作であり，ビオンはこ
れを Ps ⇄ D と略記した）とともに，最初の容器である母親への正常な分裂と
正常な投影同一化の役割を説明する。母親は，恐怖の緩和手段そしてコミュニ
ケーションと精神機能の発端である。この主題に対するビオンの情念のいくら
かは，この論文から伝わってきて，勢いを増していく。彼は，自分の表そうと
している考えには，学術的な重要性を超えて，人類にとって緊急かつ実際的な
意義があるという信念を伝えている。

　二番目の論文「貫く沈黙」は，1976年12月14日にロサンゼルスの〈組織

のリーダーシップと権威の研究センター〉（SCOLA）の会員に対して行なわれた講演と，それに続く討論のために用意された。それはフランチェスカ・ビオンが，講演の前にビオンが録音したテープから書き起こしたもので，講演が行なわれた際の録音からの資料も挿入されている。この論文の主題である沈黙は，精神分析の訓練ではあまり取り上げられない傾向がある。講演の後で，分析場面における沈黙の重要性について質問されたとき，ビオンは，私たちの多数の理論的な声によって生み出される内的な「騒音」について，また，ある種の沈黙の間にほとんどの分析者が経験する困難について語っている。彼が沈黙を，何かがないこととしてではなく，その場にいる分析者と患者が直面している全体状況の一部をなす，現実的でそこにある質を含むものとして考えていることは，明らかである。

> 　私は，沈黙に耳を傾け，それを破ろうと急ぎ過ぎないことは役に立つと考えます。私はこれに馴染んでいます。なぜなら，私が疲れているときはいつも，解釈がどっと心に溢れ出て来るのを知っているからです――あらゆるフロイト流，クライン流，アブラハム流の，かつて考えた有り難い解釈です――みな大挙して私の心に押し寄せます。確かに，精神分析の訓練は精神分析者の神経症の一種になり，こうした解釈を用いようと飛びつくときは疲れているサインだと言えそうです。……ほとんど同じことが，沈黙に耳を傾けられない人に当てはまります。沈黙に耐えられない経験に馴染みがない人がここにいるとしたら，私は驚きます。「まったくもう！ なぜ何も言えないんだ？」と。しかし実際には，沈黙を聞くことができることには，多くの利点があります。　　　　　　　〔本書 33 ページ〕

　この論文は，実際には注意に関するものである。ここでは聴覚の様式を考慮することによって接近されているが，記憶・理解・欲望についてのビオンの考え方は，決して遠いものではない。心臓の鼓動――通常（局所論的な意味で）無意識のものである――に注意を向けることで，彼は沈黙の独特の質を**達成すること**について語る。それは，ビオンが精神分析的な注意の特異性にとって重要であると感じたものと，共鳴する用語である――すなわち〈達成の言語〉あるいは〈負の能力〉である。ビオンは，キーツが 1817 年に兄弟に宛てて書

いたことの次の引用が，分析者に必要な心の態度についての彼の感覚を，完璧
に捉えていると感じた。

　　……いくつかの事柄が私の心の中でつながり，そして同時に，特に〈文
　学〉では，どのような質が〈達成の人〉を形成するようになるのかが浮か
　んできました。それはシェイクスピアが途方もなく備えていたものです
　──私が言っているのは，〈負の能力〉のことです，つまり，人が事実と
　理由を性急に追い求めることなく，不確実さ・謎・疑惑の中に留まること
　ができること……中途半端な知識で満足しておくことです。

　〈負の能力〉という概念は，特に後期の著作において，ビオンの考え方の
中心となった。
　ビオンはこの集まりで，自分がもう十分長い時間話して，聴衆は受身的に
なっていると突然感じたようで，ある暗示的な考えを提示した直後に，話を終
えている──そして参加したいと思った人は誰でもそうするべきだ，とクエー
カー教徒のように提案した。
　第三の論文は，1977 年 9 月 20 日，ロサンゼルスの精神分析協会で講演さ
れたものであり，「新しくて改良された」という皮肉な題が付けられている
──彼はそれを，ケロッグのコーンフレークの箱に書かれた宣伝文句から借り
た。これは自己満足を揺るがす論文であり，新しいアイデアは含まれていない
が，本物の分析が持つ不快で不穏な性質は避けられないこと──そして，より
良く，より素早く，苦痛のないものという約束がもたらす，知らないうちに魅
惑する引力──に関する明確で強力なメッセージを，新鮮な仕方で伝えること
に成功している。つまるところ，ビオンは私たちの分野で躁的な妄想が沈黙の
うちに働いていることに，強い警鐘を鳴らしている。
　ビオンは，実践している分析者が経験から知っていること，そして実践して
いる患者も知っていることに語りかけて，こう書いている。

　　……あなた方が明日オフィスに行くとき，この「転移」を経験する可能
　性があります。このような言葉の厄介なところは，それが見えないし，嗅
　げない，触れない，味わえないところです。ですから，それは用語を次々

に造る知識人に特有と見なされます。しかし，私たちは実際に私たちのところに分析を求めてやって来るわずかな人たちと関わっていますが，ほとんどの場合彼らは分析を嫌います。これは慰めのように聞こえるかもしれません——おそらくそうです——が，私はあなた方が分析の経験を積めば積むほど，分析希望者が分析をやめてしまうのに，せいぜい数秒しかかからないという事実に慣れると思います。患者はなかなか来ず，来てもあっさりといなくなるという知識が，あなた方の最初に知ることです——精神分析の失敗……

　ビオンは，分析面接室での実際の，現実生活について書き，私たちが分析に従事するならば思い起こすべきことを述べる。

　　私たちは，苦労のない在り方を期待することはできません。私たちは，オフィスで分析者と被分析者は難儀するためにいることを認識しなければなりません。実際，分析されるのを好むとか分析者であることを好むのは，奇妙な事態です。どちらもが分析を嫌う方が自然であり，この領域の性質に一致しています。本物の解釈ではなく，それを耐えやすい形にしたものを与えるようにというかなりの圧力が，つねに掛かっています。ですから，患者も分析者も，真実とはとても言えない解釈を見つけることをとても喜びます——これは絶えずある，避けられないことだと思います。私たちは，いくぶん不快で危険な職業に就いています，見かけはその反対で，私たちはつねにそれが安全で快適で「新しくて改良されている」，もっと治癒効果のあるものだと信じる機会を与えられていますが。

〔本書 40 ページ〕

　ビオンは，直接的で具体的な解釈から遠ざかるこの圧力が，必然的で避けられないことを強調する——それは隠すべきものでも，恥じるべきものでもない。それは仕事の難しさの一部である。これはまた，1934 年のジェイムズ・ストレイチーによる初期の論文「精神分析の治療的作用の本質」の主旨でもある。

　　……解釈を与える際には，分析者が克服すべき何か極めて特別な内的困

難があるに違いない。これは特に，変容惹起性解釈を与えることに当てはまると私は思っている。このことは，非分析的な学派のサイコセラピストたちがそれを避けていることに示されている。しかし多くの精神分析者たちは，自分自身にも同じ傾向があることに気づくだろう。それは，解釈を行なう特定の瞬間が来たかどうかを判断することの難しさとして，合理化されるかもしれない。だがその背後には，実際に解釈を**与える**際の困難が潜んでいることがある。なぜなら，**分析者には，何か代わりのことをする誘惑が，つねにあるようだからである。彼は質問をしたり，安心させたり，助言や理論的な話をしたり，解釈を与える——が，変容惹起的ではない解釈，転移外の解釈，その場のものでなかったり曖昧だったり不正確な解釈だったり——あるいは，二つ以上の選択肢がある解釈を同時に与えたり，解釈を与えると同時にそれに対する自分自身の懐疑を示したりすることもある。**これらはすべて，変容惹起的な解釈を与えることは，患者にとってばかりでなく分析者にとっても非常に重要な行為であり，それをする際に分析者は自分自身を大きな危険に晒していることを，強く示唆している［p. 159，強調追加］。

　ある種の失敗は，すぐ近くにもっと良いものがあるという考えと——通常，「治癒」という含みと——結び付いている，とビオンは示唆する。すなわち，「より良い」方法であり，患者を「より良く」するものである。問題の重要な部分は，本当の仕事には忍耐が必要であり，忍耐は希少な値打ちの品だということである，とビオンは書いている。彼は私たちに，思考し待つ能力の不安定な性質を思い起こさせる。フロイトに従って彼は，シャルコーの「根底にあるパターンが現れるのを待つ」という定式化における**忍耐**の役割に言及する。私たちは，〈選択された事実〉——数学者ポアンカレの重要な寄与とビオンが見なしたもの——の結晶化を許すために必要とされる態度で，忍耐が必要とされていることを思い起こす。

　ビオンはここでも，仕事において想像作用が果たす役割を評価し，それを観察能力の中に認めるように，分析者たちに訴えている。彼は，想像作用の力が私たちのすることの厳密さを損なうことに不信感を抱き過ぎないように注意すべきだと促す。この点で，多くの点と同じく，ビオンは親しい同僚であったハ

ナ・シーガル――理性とともに想像力と情念を精神分析に含めることを支持した――と意見が一致している。

　最後に，ビオンは私たちに，分析とは孤独な仕事であり，私たちはそこで孤独と依存の苦しみを味わうことも思い出させる。この指摘は単に「それを指摘する」ためではなく，分析者が資源を見出す必要性を認識する気にさせるためになされている。それは必要で限られた「能力の供給」であり，この苦痛に満ちた状態を直視するために必要なものである――その資源には，患者の能力も含まれる。

　ビオンの『思索ノート』（第 11 巻）は，1958 年 2 月から 1968 年 8 月初めまでの間に書かれたメモから成る。その時点でビオンは，ロサンゼルスに 7 カ月間滞在していた。2000 年代の初めに『全集』の準備と編集が進められるなか，ファイリング・キャビネットの中から，別にしまわれていた思索ノートの追加が発見された。それらはここで，1968 年 4 月から 1969 年 8 月までの「続・思索ノート」として公刊されている。それはビオンのアイデアの多くを解明しているばかりでなく，彼がロサンゼルスで分析的実践を始めた最初の数カ月間にどのような困難に直面したかを明かしている。

　読者は，ビオンが他の場所で何度も表明してきたアイデアと関連があるにしても，こうした未公刊の著作が，問題をさらに明確にすることがあることに気づくだろう。小さな違いが，ジャズに見られる音楽の「主題の変奏」に似たものによって，彼の思考の根底にある構造を顕わにしている。ビオンの用語で言えば，これは同じ精神分析的「対象」に対して同時に「複数の頂点」を持つことによって可能にされた，奥行きの知覚（複眼視）である。これは，反復や反復に近いもの，見かけ上の反復の例が多い，彼の著作全般に言えることである。

目次

未刊行著作

付録

凡例

- 本文および脚注中の〔　〕は編者による補足を示す。
- 本文および脚注中の〔　〕は訳者による補足を示す。
- 原注は＊として，編者注は§として表記している。
- 大文字で始まる単語は〈　〉を付けて，たとえば Self は〈自己〉とした。
- 原文のイタリック，たとえば，*achieving* は，**達成すること**とゴチックで表記した。
- フロイトの書名・論文名は，既訳と合致しないこともあるが，岩波書店のフロイト全集の訳を採用した。

未刊行著作
1961-1977

人間をどう概念化するか
1961

　人間をどう概念化するかは，実用的な事柄としては考えられそうにない。それは，哲学者や他の学術的生活を送っている人以外には，興味がないことに思われるかもしれない。しかし「あなたは自分を誰だと思っているのか」という問いは，ある人の自分自身についての考えが，その人の行動を作り上げる際に重要であるかもしれないという事実の，自然な証である。

　「あなたは自分を誰だと思っているのか」という問いは，質問者が攻撃だと考えるものが引き起こす敵意と結び付いていることが多い。1914年と1939年の戦争までは，個人が他人から被りうる攻撃は，一国家が他の国家に行ないうる害よりも，正比例して重大であるように思われていた。一人の人間が他の人間を殺すかもしれなくても，集団は他の集団を殺すことも，深刻な損害を与えることさえ，ありそうになかった。原子爆弾はそれを変えてしまい，それとともに，集団が大きくなればなるほど，大きな害を被ったり加えたりすることはなくなるだろう，という私たちが抱いてきたかもしれない，いかなる希望も変わった。だからある集団が他の集団やそれ自身について，「彼らは自分たちを誰だと思っているのか」と問うのは，重要なことである。多くのことが，その答えに懸かっているかもしれない。

　私は，私たちの探求の枠を狭めることから始める。それは，一人の人生における特定のエピソードで必要かもしれないことである。より広い範囲での適用

を，諸国家の問題には価値がないものとして脇にやることは，もはや賢明ではない。私はそれを，生物の中で歴史的発展過程にある人間の位置という文脈の中で重要な意義のある概念として，考察することにする。人類は，自分を誰あるいは何だと思っているのだろうか。

　その問いとそれにありうる諸々の答えは，私たちの破壊能力が高まったことで，切迫したものとなっている。私たちが問いを投げかけて探求する能力もまた，フロイトの仕事によって高められた。フロイトが精神分析を考案したのは，病んでいるように見えても，通常理解されているような身体的・精神的障害の兆候を示していない病人たちの層を，観察していたときである。その探究は彼の神経症障害への関心から始まったが，私は病んだ心への探求としてよりも，全く病気と見なされない人たちの心の探索としての彼の仕事の方に，注意の焦点を当てたい。なぜなら，彼はこのことにおいて「人間とは何か」という問いに近づき，比較的限られた問いである「なぜこの人は病気なのか」からは遠ざかるからである。

　フロイトは，自分の仕事への反対の大部分が，自分の性的諸発見と，そうした事実を公にした大胆さによると信じていた。彼の性的諸理論への敵意は，探求への敵意を曖昧にしがちだった。フロイトは，エディプス神話の中でスフィンクスが果たしている役割を無視した。

　しかし，そもそも私たちがなぜ神話にこだわるべきなのか，疑問に思われるかもしれない。古代に語られ，それ以来さまざまな作者たちによって潤色されてきたが，何ら事実に対応するものがなさそうなおとぎ話に，どのような価値があるのだろうか。神話としてでさえ，他の神話に与えられている以上の検討に値するようには，ほとんど思われない。星座の名前には，エディプスは含まれていない。

　通常の見方（フロイトは人間のある種の苦しみを観察し，その探究方法として精神分析を創案し，その助けを通じてエディプス・コンプレックスやその他の類似した現象を発見した，というもの）よりも本質を顕わにするのは，彼の天才が道具としてのエディプス神話の重要性を発見し，それを用いておそらく無意識のうちに，エディプス・コンプレックスではなく精神分析と人間を発見した，という見方である。

　エディプス神話の中の基本的要素は，以下のものである。

1. スフィンクスは，さまざまな動物を組み合わせた怪物であり，その諸部分が再び組み立てられ，謎を投げかける生物となる。

2. その謎は，後世の伝承では「人間」が答えだとされた。正解し損なうと死の罰を招き，正しい答えはスフィンクスに死をもたらした。

3. テーバイは，その住民が謎の疫病によって死に追いやられた都市である。

4. ティレシアスは予言者で，好奇心が容赦なく追求されることに反対し，そのような無慈悲な好奇心は〈傲慢さ〉という罪を生じるという原理を支持し，ネメシスの注目を招く。この女神は，一般に報復や義憤と同一視される。

5. エディプスは，被害者であることで嬰児殺しと関わり，犯罪者であることで親殺しに関わり，自分が知らないうちに犯してしまった罪の無慈悲な探究者であり，失明という罰を受ける。

6. ライオスは国王であり殺害された父親であり，彼自身が嬰児殺しの共犯者である。彼は神託の宣告を信じている。

　私はこの物語のこれらの要素を強調して，語りはそれほど重要ではない事柄として扱っている。これらの要素の中で，謎を投げかけるスフィンクスとその運命は，精神分析文献で最も注目されずに来た。私は，集団における好奇心とその変装の突出した表れに言及したことがある[*1]。精神分析における転移の解明には，分析者の好奇心をよく吟味することが望まれるが，それがどう行なわれるかを詳しく述べると，集団の中で得られる巨視的な視点を曇らせる。だから集団の手続きは，精神分析の手続きや理論と矛盾するものを何ら含まないが，強調点には変化がある。この変化は，人間についての概念化の探究に関連している。なぜなら，その概念化自体が，個人が自分自身や自分の集団を意識したり，集団がそれ自身や他のものを集団として意識したりすると直ちに現れる事実を巡る，好奇心の働きの産物だからである。

　私たちは習慣的に，対象の属性や私たちが物体と関連づける感覚を司る感覚器官に気づいている。しかしパーソナリティに気づくことは，感覚器官には部

＊　（原注）1　『さまざまな集団における経験』（第4巻）(*Experiences in Groups and Other Papers* [Volume IV])。

分的にしか依存していない。私たちには，ある人が何らかの筋肉運動をしていることや，彼の視線がある特定の点に向けられていること，何らかの条件の下ではこれらのさまざまな感覚の総和は，その人がたとえば愛情や憎悪を表現していることを意味すると解釈できることが分かる。フロイトは，意識性が心的質の感覚器官であると仮定し（Freud, 1900a, p. 574），したがって物理的現象についてばかりでなく，パーソナリティの諸側面や不安・恐怖・憎悪・抑うつ・愛情などについての情報を私たちにもたらすような，「感覚器官」という概念化が必要であることを示した。これらの言葉の存在が確かに示すのは，私たちはこれらの言葉に対応する現実化が自分自身や他人の中に存在することを知っていると考えており，だからおそらく，私たちは顔その他の筋肉の動きばかりでなく，その筋肉の動きを二次的な現れとする情動を認識できるようにする装置を持っていることである。

　二つの発展によって，私たちは情動生活についての私たちの知識に不満を抱くようになった。科学哲学者たちは，学ぶことの問題を正確に解明することに，つねに積極的に取り組んできた。それは個人や集団がある企図の失敗を通じて，自分の知識の性質やそれを得る際に用いた方法への疑問に立ち戻らされたときである。

　知識の獲得方法を一大関心とすることの歴史は，プラトンと「背後からの光によって正面の壁に投影された影を研究している，洞窟の中の人間たち」という彼の直喩と同じくらい古い。プリチャード（Prichard, 1950）が表した悲観的な結論は，そのような探求は私たちが一体どう何かを知ることができるのかと訝ることで終わりがちだ，というものである。それでも事実として，私たちが幼児期にさえ学ぶことは明らかであり，悲観論は，私たちの学ぶ能力よりも，私たちがどう学んでいるのかを学ぶ能力にふさわしい。この最後の探求は，私が引き合いに出した二つの発展のうちの第二のもの，すなわち精神分析に関連している。

　精神分析が関係している探究は新しいものではないが，その方法と運動の創始者が成し遂げた成功によってはっきり焦点とされたのは，愛情・憎悪・不安・セックス・抑うつなどの現象が提起する諸問題と，自分たち自身や他人の中にそれらが存在することに気づくための手段，そして私たちがこれらの情動的な力の経験からどのように学ぶことになっているかである。

　個人は自分の感情と共に生きなければならない。だから彼は，自分が感じていることの正確な認識を達成しなければならない。なぜなら，そうすることで初めて，他の人たちの感情とともに生きるとはどういうことかを，その経験から学ぶことができるからである。

　自分自身の感情や他の人たちの感情とともに生きるという問いは，初めに乳児期にはっきりと現れる。乳児は自分や母親の感情に気づいており，それらを何とかしなければならない。フロイトは彼の快と苦痛の理論の中で，現実原理の支配が強まると，環境への態度が変化するという理論を仮定した。私たちが関わっている環境の一部は，パーソナリティとその存在を示す感情であり，それについて個人はこのように早期の段階で気づくようになる。快原理が支配している段階に典型的な苦痛の感情への反応は，『不思議の国のアリス』の中の一場面に要約される。そこでは，死刑執行人がチェシャ猫かその頭を切り落とさなければならない，それも「直ちに」，と告げられる。もしも感情が苦痛に満ちたものであれば，感情にとってますます悪いことである──その感情は抹殺されなければならない。現実原理の支配は，反応を刺激する環境を修正しようとする反応の発達を含む。回避と修正が互いに排他的な反応であり，どちらに訴えるかは心が欲求不満にどの程度耐えられるかどうかにかかっているとすると，それに耐えられないことは，現実と接触する能力の発達に害を与える。なぜなら，欲求不満はどのような現実状況にも内在しているからである。

　もしもパーソナリティが情動的経験の現実に耐えられなければ，情動的経験**自体から**学ぶことはできなくなる。この心の状態は，欲求不満の回避に支配されている。私は「回避 evasion」という言葉を，多くの異なる状況を表現する抽象として用いることにするが，それらは，苦痛に満ちた情動つまりはあらゆる情動に気づくことにつながる可能性のある装置ならばどれに対しても，破壊的な反応を含んでいる点のみが似ている。「回避」は「修正 modification」と対比される。私は「修正」という用語を，情動的経験を鋭く認識する能力の発達と，そのようにしてパーソナリティに利用できるようになった情動的経験を用いる能力の相補的な発達に適した状況を表現する抽象として用いる。

　フロイトは，快原理が支配する段階に典型的な筋肉活動を，増大した刺激を心から取り除くためのものであると記述した。現実原理が支配すると，環境を変化させようとする現実的な試みがなされる。私は，回避の原理に支配された

心の状態を表すために記号 E を，修正の原理に支配された心の状態を表すために記号 M を用いることにする。

　筋肉行動でも思考自体でも，実にどのような形式の活動でも，E か M を表す可能性がある。そのどちらかしか表さないと内在的に規定された活動はない。このことは，増大した刺激を心から取り除こうとする諸々の試みにさえ該当する。その活動は，状況によっては E の範疇に入れるよりも M の範疇に入れた方が，より正確な叙述と見なされるかもしれない。（この困難は，心理学的問題の研究者に絶えず立ちはだかる。私はそれを，同じ議論の中で同じ価値を表す同じ記号を使用することによって処理したいと思う）。個人や集団に残る唯一の現実的な道が，感情を刺激する源の修正ではなく，感情に破壊的な攻撃をして増大した刺激をそれ自身から取り除くことであるという状況を叙述する必要があるとき，私は支配的な原理が E から M に変わったことをはっきりとさせることにする。ただしその活動は，通常 E に特徴的なものから区別し難い。

　「人間についての概念化」を研究する際には，私たちは思考作用とその起源およびさまざまな変形，そしてそれと個人と集団の心的性質を気づくこととの関係を探究しなければならない。ゆえに私は，メラニー・クラインが「投影同一化」という名で提起した，もう一つの理論を導入する必要がある。私はこの複合的で広く適用できる理論の，一側面のみを用いることにする。それによれば，乳児は諸々の情動に圧倒されて，クラインが感情を分裂排除して母親の中へと入れると叙述する心的活動に訴える。こうして母親は見たところ，乳児が包容できないと感じる諸感情の容器にされる。母親の中に滞在し，その間に感情の修正がなされた後，乳児はその感情を自分のパーソナリティに戻す。母親によって生み出された修正のおかげで，乳児のパーソナリティは今やそれらの感情に耐えることができ，よってそれらを包容することができる。

　私はこの理論を，異なるいくつかの文脈で用いることを提案しているので，私は容器と内容に対して，♀と♂という記号で表される二つの抽象概念を適用することにする。

　投影同一化の理論とそれから派生した諸理論は，その提起者が意図した以上のことを説明する。つまりそれらは，理論が科学的探究において用いられるときには，首尾一貫して矛盾なく発達できることを示す必要があるという基準を満たしている。私は投影同一化の理論を，後に思考作用として知られるように

なった諸過程の早期の発達に対するモデルとして用いることにする。

　このモデルは，カップルの存在を前提としている。私はそれを，個人にある内的装置を表すために用いる。元は母親と乳児や，乳房と口の関係を表していたものが，今では内在化された対象を表す。これらの内在化された対象の表象は，思考作用に携わる心的機制に対するモデルとして用いられる。♀と♂という記号は，内的装置を♀♂という記号によって表すために用いることができる。

　私は，思考作用が E か M によって特徴づけられる可能性があると述べた。思考作用の使用法に含まれる論点を理解するためには，カップルのモデルである♀♂をさらに吟味する必要がある。

　乳児と母親の間の円滑な発達を阻害する，何らかの特徴が存在すると仮定しよう。羨望はそうした因子の一つであり，私の例を説明するために，羨望を取り上げることにする。乳児 – 母親間の結合において支配的な情動が羨望と貪欲さであるならば，乳児は私が叙述してきた感情を修正するための機制を使用できないと感じうる。もしも乳児が，自分は死にそうだという恐怖に取り憑かれて，その耐え難い性質を和らげるために，既に述べた経過を辿る過程の代わりに，その恐怖を分裂排除して母親の中に投影しようとするならば，♀は投影された恐怖の中に包含されたどんな良さも，貪欲さと羨望から，取り除くように感じられる。この「良さ」とは，自分が死にそうだという恐怖の中にある，何であれ**意味**のあるもののことである。その結果，乳児は自分が死にそうだという恐怖を再び取り入れるようになるとき，乳児の心に耐えられるように緩和された恐怖を受け取るのではなく，代わりに，名づけようのない恐怖を自分の中に取り戻す。

　ここで，乳児のパーソナリティの中に♀♂を設置することに戻る。乳児は良性の対象である♀♂を有する代わりに，良心の諸属性を持った対象に支配されていると感じるように見える。その良心は，知識や探究精神，知識の獲得に必須の好奇心に，柔軟性なく反対する。さらには，♀と♂は互いに，一方の要素が他方の要素によって奪い取られることになる仕方で関係している。状況を言語化できる限りでは，良性の単位である♀♂は，パーソナリティに影響を及ぼす悪性のカップルに取って代わられる。そのパーソナリティが合致するのは，①真実やパーソナリティさらには生気のある生命自体への敬意を欠いた良心

や，②良心や道徳性の破壊に適した要素として事実を使用することにのみ関心がある「科学的」（すなわち真実に敬意を払う）対象である。

　私が－♀－♂という記号を用いて表すことにするそのような対象は，パーソナリティに真実と一切の良さを，故意に与えないようにする。実際，「飢餓」という言葉を用いることは，栄養系が提供するモデルにふさわしく，そのようなパーソナリティが示す悪化の過程の叙述として，特に適している。そのようなモデルが思考作用の過程を表現するのに適当かどうかは疑わしいが，それには啓発的な性質があるので，探求の現段階では，放棄できない。－♀－♂という対象は，同等の退化への変化を被る。それは発達を刺激する成分を断たれているばかりでなく，その産物によって積極的に破壊されているように見える。それはあたかも，その産物には身体の中の毒素に匹敵する，精神生活に対する毒性があるかのようである。

　これまでのところ私は，経験によって学ぶために私たちが依存している装置の性質について，いろいろと述べてきた。私は，この装置の基本的性質の叙述に集中してきた。それは，学ぶことおよび学ぶことの破壊の両者がどう発展するかを考慮することによって，その探究に取り組む場合に現れる。私が示唆したのは，経験によって学ぶことは，私たちが個人や個人の集団として何者であるかを経験によって学ぶことなしには不可能だということである。私たちは他の何を経験するにしても，自分自身と自分の感情を経験しなければならず，その経験から学ばなければならない。これには，科学的な見方は新鮮な知識を得ようとすることに成功するためばかりでなく，個人の精神的健康のためにも必須であるという考えを，受け入れることが伴う。これは，ティレシアスの予言が具現し代表するような反対の見方とは，両立しない。現代物理学における科学的な方法の成功には，特に科学的方法を当然のこととする科学者たちからの，諸方法や好奇心の働きに対する敵意を覆い隠す傾向がある。ティレシアスの陰鬱な予言は，エディプス的状況の探究にのみ当てはまるように見えるかもしれないが，ティレシアスにとって犯罪は，近親姦や親殺しにではなく，エディプス自身の中の，探求への容赦のない推進，驕りにある。類似の予言の例としては，〈知識の木〉を食べることに対するアダムへの警告，バベルの塔の建設者たちに課した混乱，人口数を確認することに対する禁止命令〔サムエル記下　第24章1〜25節，ヨハネによる福音書　第20章24〜29節〕がある。民族神

話にはっきりと表されている不安は，生物学的には良いもので，個人の精神的飢餓の恐れをおそらく補完さえするかもしれない。では，個人も民族も耐えられるような知識を，より多く獲得しうる方法を進化させることができるだろうか。

　自然界には，人間の生存に不利な条件がある。同様に，個人が耐えられず，精神的破綻に通じる，情動的な状況がある。精神的飢餓の危険があるならば，精神的な過剰摂取の危険もある。ピエール・ド・シャルダン（Pierre de Chardin, 1955）は，大気 atmosphere との類比に基づいて知性圏 noösphere を仮定している。私はここでの議論を促進するために，この用語を借りることにするが，彼と同じ用い方ではない。私はそれを，個人が生まれてから死ぬまでの間の精神生活を存続させるために不可欠な情動的環境を示すことに限定することにする。そのような知性圏の一例は，乳児が自己の一部を投影できると感じる乳房に対して，情動的欲求が満たされているように見える状態である。

　乳児が自分のパーソナリティの一部を，乳房へと投影する必要性を感じているという言明は，メラニー・クラインが別の大人の言葉その他の行動から抽象したものを表現するために用いているモデルの叙述である。私はこのモデルを使用して，私が注目を促したい大人の行動の要素が，乳児の信じている物語の一部だったら適切であろうという事実によって認識されるかもしれないという私の考えを伝えたい。その物語とは，乳児が自分のパーソナリティの一部を分裂排除しているというものなどである。要は，それは精神分析的対象を定義するために採用された語りである。私は「精神分析的対象」という言葉を，アリストテレスが「数学的対象」という言葉を使ったのと同じ仕方そして同じ目的で用いている。しかしながら私が同じくらい伝えたい確信は，患者が乳児のときに，自分がしていると感じたことを彼が話せたならば，私が彼のものとしている言葉で述べただろうということである。言い換えれば，彼は自分の経験をこのモデルを用いて叙述するだろう。しかし，患者はモデルを全く用いていないと論駁することは可能である。この場合，私は自分が構築したモデルを言語的に叙述しているが，それに加えて主張しているのは，もしも患者が話すことのできる乳児だったならば，私のモデルは自分が実際に行なっていると患者が信じることを叙述するために用いるかもしれないような言語化だということである。

　この脱線は，私が人間についての概念化によって提起される論点をどう見るかを，十分な装置が利用可能になる前に公表しなければならないならば，私が無視しなければならない未解決の方法論的問題のいくつかを示している。私の試みが成功する可能性を信じるためには，私は知性圏の存在を仮定して，そこに自分の見方を投影できるし，私の言葉の読者に対してその言葉に意味を与える際には，それに頼ることができる，としなければならない。私は反応を，私の言葉を読む個人からも知性圏からも引き起こすと思う。

　後者は意味の変更を含み，結果として私が今自分のコミュニケーションだと思うものは，書いている最中には気づかなかった意味を持つようになるだろう。知性圏的反応の一例は，私の言葉からあらゆる意味を剥ぎ取って，単に裸にするだけでなく，私の創造的に伝達をする衝動を，故意に蝕む仕方で毒を帯びさせて私に返すような，羨望と敵意に満ちた応答だろう。私が今思い浮かべた例は，抽象的に♀♂−によって表現できる。そこでは♀はアイデアであり，♂−は貪欲で破壊的な衝動によって支配された知性圏である。

　読者が，知性圏について私が述べたこと全体を考慮して，私の伝えることに明晰さを与えつつその価値を保持するように再定式化しようとするならば，思考作用について正確に思考しようとすることには重大な困難が伴うことを，容易に納得するだろう。その問題は，経験すること，その経験からモデルを抽象すること，モデルの助けを借りて理論化することでさらに抽象化することに伴う問題よりも複合的である。なぜなら，抽象化に付随する問題は，成長という一つの次元を超えて広がっているからである。「知性圏」は，「乳房」の抽象化と見なされるべきだろうか。だがそれは私たちが，思考のための十分な装置を考案する能力がない人間の機能に与える名前以外は何も，根本的に変更できないことの印である。

　自然科学の諸々の進歩は，無生物について正確な思考方法を発展させる私たちの能力に関して，希望的な観測をすることを支持するように思われる。自己を意識して思考する方法が創り出されないままということはなさそうだと仮定すると，一部の動物学者が人間の先祖の進歩に付きまとっていたと考えた類の，さらなる危険があるかもしれない。生物の発展における顕著な事実の一つは，優勢な種が衰退してきたことである。ステゴサウルスは，防御装甲をあまりに完全に発達させたために，最終的にはそれが抱えなければならない重荷に

耐えられずに沈んだと考えられてきた。人間の勝利のはっきりとした特徴が道具を作る能力だとすれば，人間が自己を意識して思考するために鍛造しなければならない道具は，生存の希望ばかりでなく，没落の芽を含んでいるかもしれない。人間は，思考作用の能力の重さで没落するかもしれない。その作用は，道具を作って用いるという能力が拡大したものの一部である

　増大した思考力が，単に私たちがそれまで生命と関連づけるのに慣れてきた意味を破壊するばかりでなく，私たちが理解するあらゆる意味を思考から奪うと仮定しよう。そのような発達は，先に述べたような力と仕方で生み出されたが，災厄の範疇に入る。しかし，♀♂の型の原始的機制の動員と精巧化は，乳児における恐怖の正常な喪失と類似の，意味の喪失に通じるかもしれない。これは「知性圏」という用語で表される現実化に変化をもたらす可能性があるが，それは集団心性にとっても，乳児が死にそうだという恐怖を感じなくなる母親にとっても，何ら災厄ではない。

　現象には意味があるという感情は，ある現象が個人の死や生に貢献する発達の兆候であるという，根本的に自己愛的で自我中心的な判断に関連している。もしも人が，その出来事はこれらのカテゴリーの一つに該当するという言明を抽象できなければ，その現象はその人に関する限り，何の意味もない。

　そうすると思考作用の経験的な基準は，その機能によって提供されるということになる。もしその機能が，現象から個人が生き延びるために知る必要のある要素を抽象することであれば，その活動は思考作用である。思考作用とは，個人が現象の意味を抽象する活動である。すなわち，もしもその抽象が，死や個人の生存に適した行動の決定に役立つものでなければ，その抽象は（それが何を表していようと）現象の意味を表していない。逆に言えば，意味を生み出すことの失敗は，この意味で，思考することへの恐怖を増大させる。しかし状況によっては，個人が自我中心の基準では関連性を見出せなくても，ある現象に意味があると感じることがあるのは，明らかである。そのような意味は，役に立たないと見なされてすぐに無視されるかもしれないし，一応利害関係がないさらなる探究のために，追求されるかもしれない。分析の経験が示すのは，面接室で表される現象はすべて患者にとって意味があり，その意味は私がここで仮定した限定的な質を持っていることである。つまり，個人は経験から，すべての事実には欲求不満を回避したり修正したりするために取るべき行動に関

連する意味があることを学んだ，あるいは学んだと考える。その他の「意味」
は，無意味である。

　フロイトが示したように，人間は自分の自己愛^{ナルシシズム}を支持しない意味はどんなも
のでも，受け入れることに抵抗する。人は自己愛的な信念を危険に晒したくな
いことによって，自己保存に寄与する見解を考慮できるようにする要素を，現
象から抽象し難くなる。望まれていないと感じることから逃れようとする試み
は，望まれていないことに内在する危険性の緩和と相いれない。つまり意味は，
現象に内在するのではなく，人間が現象から抽象しようとするものである。

　「人間についての概念化」は，一つの集合すなわち〈人間〉を形成するよう
に集められた現象に内在している，と私たちが信じる意味に対する名前と見な
されるかもしれない。この討論の初めに私は，「人間についての概念化」とい
う用語に対する経験的な意味を提案した。それは意味を，人間の間や人間の集
合の間そして人間と他の種との間の攻撃性と生存に関連づけることで限定して
いる。体系的な探求では，「人間についての概念化」が，その源と発達から分
離できない連想の辺縁から，切り離された意味に対する名前である場合があ
る。その時にはそれは，人類中心ではない体系における抽象として使用される
かもしれない。これを行なう試みは，特に神学では，至高存在の概念の擬人的
な備給によって始められる。

　問題を要約すると，問題解決の失敗はつねに，未解決の問題および成功しな
かった探究で採用された方法の両方を，詳しく吟味させることになった。

　これまで，科学的探究の成功，特に無生物の領域や無生物に適した探究が役
立つ生物の特徴の領域における成功は，科学的方法として知られるようになっ
たものの有効性を支持する。しかしこれらの成功例自体が，失敗例を際立たせ
る。

　失敗原因の探究は，問題そして採用される方法へも新鮮な接近方法を生み出
した。方法の探究は，過ちの二つの大きな源を見出している。第　は，失敗し
た時点の人間の能力や知識の欠如に基づく，学習の不十分な技法である。第二
は，人間のパーソナリティ自体の欠陥に内在する，不十分な装備である。この
ことは，私たち自身のパーソナリティに注意を向けさせ，人間に自己を意識す
ることを強いた。

　この結果，探究を要する新たな問題が浮上してきた——それは，私たち自身

である。そして私たちの研究の対象——人間についての概念化である。もしも私たちが，この問題がある領野を絞るならば，私たちの注意は，人間の非常に重要な一つの特徴すなわち「思考する能力」と，人間が使用しなければならない道具がこの同じ「思考する能力」であるという事実に向けられる。思考作用は人間を特徴づける属性であり，科学的探究を要する中心的問題である。それはまた，探究を必ず成し遂げさせる道具でもなければならない。

　私たちがこの問題を突きつけられるのは，科学者たちが科学装置を全面的に点検して，自分たち自身がその装置の一部であることを認識せざるをえなくなったからである。しかし，経験から学ぶことへのこの危機が発展した補足的な理由は，フロイトが初めは病人だと信じていた人々を探究したことである。その探究は，人間の心自体の探究に他ならないことが判明した。

　その結果，人間の心の弱さは，新しい発見ではないものの，これまでにない正確さと包括性で実証されてきている。これまでになされた発見が示しているのは，精神分析の知見が，人間の苦しみを緩和しようとする過程でなされたにもかかわらず，科学的な誤謬性の問題に，したがって科学者が自分の装置の短所を探して修正しなければならない領域に，関連していることである。

　したがって，人間についての概念化は，学術的な論争の主題以上のものと見なされうるものである。私は，学術的な論争が重要ではないと言おうとはしていない。反対に，それはかつてないほど緊急で重要なものだが，ゆっくりとした忍耐強い研究に加えて，私たちは今，「彼らは自分を何だと思っているのか」が問われるような状況に適した，確実かつ迅速な判断能力を獲得しなければならない。このような状況は情動的なものであり，即断で解決が見出されなければならない問題は，冷静さを失う傾向によって危険に晒されるかもしれないときに明晰な思考能力を要求することを，はっきりと分かっている方がよい。私はこの論文の残りの部分を，この問題の諸要素に充てたいと思う。なぜなら私たちはそれに，こうした特殊な状況で接近しなければならないからである。

　フロイトは，集団が個人の創造的な思考作用に有害であるという見解を支持して，ル・ボンを引用した。私たちが注意を向けなければならないのは，この敵意ある環境であり，その状況で解決されなければならない問題である。

　ウェーベル卿〔Archibald Percival Wavell, 1st Earl Wavell（1883-1950）：英国の陸軍

元帥・著述家，インド総督（1943-47）〕は，将軍にとって知的なだけでは十分ではなく，実効力があるためには，将軍は砲撃やその他の戦闘のストレス下でさえ，明晰に思考できなければならないと述べた。今日，このような能力が，一般市民に求められている。それは，目的を持って組織されたある種の小集団の中で観察され，育まれ，強化される能力だと私は信じている。

　仲間や近隣の集団についての自分の判断力を養いたいと切望する個人に第一に要求されるのは，フロイトが心的現実と呼んだものを知覚すること，あるいは先に私が述べたように，精神分析的対象を知覚することである。盲腸のような構造があると知っていることと，外科医のメスが剝き出しにする多くの構造のうちでどれが盲腸かを見分けられることの間には，大きな違いがある。同様に，転移やエディプス・コンプレックス，両価性その他の概念についての言明を受け入れたり，自分で発したりさえするのは，難しいことではないが，これらの代表的な用語に対応するものを現実に認識できることは，別問題である。それらが表すものは，何に見えるだろうか。

　これらやその他の理論的概念に対応する現実化があるのを否認することは，これらの精神分析的対象の観察には，何らかの困難な事柄があるに違いないことを示している。

　私は他のところで，精神分析的対象の知覚に関わる装置は，意識と無意識が協働するものであり，それは複眼視における両目の調和した働きに似ている，と示唆した。相関関係の原型であるこの調和した働きによって，現実化の観察が，あるいは少なくとも私たちによるそれらの観察が，観察者にその存在を疑う余地がない三次元的な質で可能となる。これまで私は，鮮明な観察のための私たちの能力への障害を減少させる，精神分析自体よりも優れた訓練を見出していない。

　しかし観察者の厄介事は，分析によっては終えられない。観察者はすぐに，自分が観察しようとすると集団から攻撃を受けることに気づく。私は，エディプス神話に登場するスフィンクスと，それがその謎解きに答えられなかった人々およびエディプスが答えたときの自分自身に与えた運命に，注意を促した。バベルの建設者たちも同じように，コミュニケーションの能力，よって自分たちの大望を達成するために協働する能力を失うという罰を受けた。〈知識の木〉の実を食べた二人には，追放という罰が同じように与えられた。集団の

中では，集団が科学者の好奇心によって支配されるのに比例して，その一員であることは危険であることがすぐに明らかになる。

　この信念は，偶然の産物として片付けるにはあまりにも一貫して突出している。科学者の好奇心は攻撃されなければならず，実際に攻撃される。集団の各メンバーは，特定のタイプの指導力のための手段となりうるかどうかを見るために吟味される。好奇心から率いるメンバーはそうすることが許容されるが，集団の残りは，彼の指導に従う必要性を免除される。

　好奇心が働くことへの敵意を存続させる重要な要素は，投影同一化が暴かれるのを集団が嫌うことに見出される。この機制は集団の中での「思考作用」の，ほぼ好みの方法である。もちろん通常の理性的コミュニケーションもあるが，他ではなく専らこの機制を密かに用いるように，時にはあたかも集団が共謀したり，分析者を共謀させようとしたりする。

　この方法を用いるかどうかは，分裂排除して排出のために使用できる思考があるかどうかに懸かっている。読者は，この文脈で「思考」という言葉を使うことがどう正当化されるのか，排出できる思考のような対象とは何なのか，と疑問に思うかもしれない。説明の問題は深刻であり，現存する科学的方法の枠組みの中では，科学的探究におけるそのような専門用語への異論は支持されるに違いない。私はもっと厳密な言語化方法を見出すことができず，また，集団の諸関係がもたらす難題に対処する科学的方法の変化は，長期の忍耐強い努力なしには達成できないので，私は読者が寛容にも，これらの不完全な記述で私が伝えたい意味を抽出してくれることに頼らざるをえない。

　通常思考として認識されるものに発達論的に関連した，いくつかの要素があると思われる。それらのいくつかは，カントが「物自体」と呼ぶものにふさわしい性質を所有していると人に思われているように見える。したがって，それらはパーソナリティによって包容されていて排出のような手続きに，パーソナリティの外にあるときには吸収に，役立つと感じられる。極端な場合，それらは物自体と識別できないかのように扱われ，それほど極端ではない，集団の中で普通に起こるような場合には，それらは観念や観念的対象として認識されると思われるが，極めて個別化したもの，よって具象化したものにふさわしい力を伴っている。

　集団やそれを構成する個人が，観察をしないで集団を操作したいと思うと

き，これらの極めて具象化された対象が頼りにされる。そしてそれらの対象は，投影同一化の機制に典型的な排出と吸収の過程によって処理される。

　これらの対象は大まかに二種類に分けられることが，観察されるかもしれない。一つは，情動は強いが観念は弱い要素から成り，もう一つは抽象作用——あるいは抽象作用や抽象的思考に伴う性質——は弱いが，具象化は強い要素である。

　投影同一化という方法もまた，二つの異なる状態で働いているのが見られるかもしれない。メラニー・クラインはそれを，実際には万能的空想の産物である機制として叙述した。しかしながら，私の考えではそれは変化することが可能であり，万能的空想として始まる多くの観念は，最終的には現実的な活動に翻案されうる。もしも集団や個人が万能的空想に訴えているならば，それは何も行なわず，観察者は，やや受動的でも他の点では行儀良くしている集団や個人にしか気づかないかもしれない。結果として，投影同一化はその非常に極端な形では，極めて活動的であるにもかかわらず，逆説的に，観察者にはほとんどあるいは全く印象を与えない。しかし，もしも個人や集団の万能性が薄れ，より現実に即するようになるならば，観察者は自分が知らない間に参加していて，その結果不快な情動を経験しているように見える情動的状況に，気づくようになる。

　この段階には，集団からの注目への抵抗と，迫害感が伴う。この二つは因果論的に結び付いている（投影同一化への抵抗←→迫害感）ように感じられるが，原因の印象に近い現実化は存在しない。

　投影同一化に訴えることは，♀←→♂という記号で表され，集団の一員であることによってつねに促進される。その活動が最も際立ち，最も心から受け入れられるのは，集団においてである。分析的関係や対（ペア）の関係では，それは通常，それ自体が嫌なものとして，あるいは嫌な結果につながるものとして感じられる。活動の性質とその結果は，関係のネットワークの他の要素に応じて，非常に異なる形で現れる。このような次第なので，大きく異なるように見える状況が力動的には非常に密接に関連していることを理解するには，かなりの努力を要するかもしれない。分かりやすさと簡潔さのために，私は二つの要素のみを考えることにする。それは，万能性の程度と，投影同一化が作動している情動的媒体である。

　私たちが既に見てきたように，極端な万能性は行儀の良い受動性という，全く誤解を招く印象を与える可能性がある。分析において，精神病と言えるほど精神障害のある患者について，親が「でも先生，あの子はいつもとても**良い赤ん坊**（子供，など）でした」と言うのを聞くことは，珍しくない。親の愛情の盲目さを考慮してさえ，この発言は，万能性が活動を必要としないという事実によってのみ説明される。同様に，万能性の低下につながる改善は，逆説的でしばしば当惑させる結果をもたらし，以前は見過ごされていた，そのような患者や集団に情動的に関与する際に感じる不快の深さを顕わにする。

　羨望の極端で危険な働きは，その情動的要素を例証するかもしれない。羨望という七つの大罪の一つが，対（ペア）の間や，諸個人とその人たちが構成する集団の間の関係を破壊しうるということは，日常茶飯事である。にもかかわらず，この要素の深刻さの否認は，いつでもどこでも目撃可能である。メラニー・クラインが『羨望と感謝』（Klein, 1957）で示した明確な記述でさえ，その重要性を正しく評価されることよりも，明らかな無関心や積極的な否認とともに受け止められることの方が多い。

　私は既に羨望が，－♀♂や－♀－♂によって私が表した現実化に通じると述べた。集団の観察では，思考や観念・人から価値を剥ぎ取る行為を見る方が，そのように剥ぎ取られた対象を観察することよりも容易である。その例は，私たちが道徳観に通常結び付けるほとんどすべての性質が剥ぎ取られた道徳観や，真実への敬意のほとんどあらゆる側面が剥ぎ取られた科学的見地である。それらの剥ぎ取られた対象が，他の構成が異なる集団や人たちにとって魅力のあるものを生み出すことを理解するのは，さらに困難である。

　私は，この現象の性質を指摘することしかできない。なぜなら，その現象の観察は不完全であり，より多くの研究と調査を必要とするからである。それは，あたかも－♀♂の状態がその剥ぎ取りによって，被扶養者が恩恵を受けること，いわばいわゆる社会保障制度に通じるのではなく，寄生者たちや，内部から浸食される宿主集団へと通じるかのようである。しかしこの宿主集団は，他の集団を強力に惹きつけて，後者にそれの性質に応じて宿主集団を吸収したり模倣したりしたくさせる。私はこの現象の諸々の帰結と性質については，読者の科学的好奇心に委ねる。

　フロイトは「欲動〔本能〕とその運命」［Freud, 1915c］という論文の中で，

集団が自己を永続させる欲求の一部として作動する性的衝動と，個人の充足欲求との間にありうる葛藤を，生き生きと叙述している。彼は本能のこの二極性を，性的諸本能と自我の諸本能との葛藤に限定しているように見える。私には，この葛藤は攻撃的な諸衝動の中にも同じく存在するはずと思われる。そこでは，集団に奉仕する攻撃性は，集団が生きるために自分の命を失うかもしれない個人にとっては限られた価値しかないことが，さらにより明らかである。フロイトは，自己愛神経症がこの問題に光明を投げかけるかもしれないと示唆している。実際，他の著者たち（たとえばバートン§1）が示してきたように，人間の特徴を探究することは，これまで理解不能な病気の特徴と見なされ，ゆえに取り上げられずにきた行動を参照しなければ，その性質を理解できないと感じずには，今や不可能である。さらにバートンは，人間の精神的健康のためには，個人の意識の拡大がなければならないと述べている。あらゆる学ぶことは好奇心に依存しているが，好奇心への原始的恐怖から生じる問題は，個人自身の健康に関わるものである。傲慢とネメシス（ヒュブリス）は，極端論に対する罰として現れる。それでも科学者は，真実への探究に何の障壁も認めない極論者でなければならない。際立った事実は，集団がしばしば，自分が反対しているいくつかの真実についての言明に自分が反対すると，集団を分裂させるだろうと抗議するだろうということである。

　必然的に，科学者つまり自分自身や集団において真実への献身を最優先して考える個人は，自分がその種の指導者（リーダー）であり，信奉者たちを募りたいと合図している。彼の仕事は，集団での位置づけにおいて，その趣意で合図である。彼がこのようにして提供する同盟は，他のすべての個人が提供する指導と同じく，集団から特定の反応を得るように見える。この反応を吟味すると，集団があたかも指導者を選んでいるかのように行動していることが示される。ある個人が拒絶されるのは，彼が喚起した希望を満たす能力に関して，集団を満足させ損なうことによって決定づけられるようなものかもしれない。私は別のところ*2で，集団は指導者性についての先入見に表現される，何らかの基本想定によって活性化される，と述べた。集団の観察はそれを顕わにすることができ

---

§　（編者注）1　「現代人と意識について」（「人間についての概念化」計画のために構想された章）。

＊2　『さまざまな集団における経験』（第4巻）

る。ある個人は自分がその先入見に近い性質を有することを示すことで，指導者の地位を備給されるだろう，と人は思うかもしれない——要するに，集団はその仕事に対して最も強い人を選んだのだ，と。しかし，いつもそうだとは限らない。しばしば集団は，ある個人をその弱さゆえに選ぶ。

　この奇妙さは，投影同一化の理論に照らすことで，より理解できるものとなる。個人がこの排出過程によって自分のパーソナリティのいくつかの要素を取り除こうとする欲望は，現実原理が十分に確立されているとき，パーソナリティの望まない側面の容器に用いることができるという考えに実体を与える人物を探すことに導く。一部の人は，私たちがより普通の心の水準では人格非難と見なすものを，その評価が良くても悪くても，拒否することが苦手である。この弱さは付け込まれ，集団は一連の合図を用いてこの弱いメンバーに，彼が当面，集団が望む人物であることを伝える。それは，彼がいくつかの点で望ましくない人物でなければならないということかもしれないし，同じ程度に，彼が特に実際以上に良く見せる類の，天才や指導者性の評価を帯びなければならないということかもしれない。もしも目的がお世辞であれば，重大な問題は起きないだろう。しかし，このような操作は投影同一化の空想に実体を与えることより二次的なものなので，集団は自ら騙され，あたかも与えられた指導者が，投影された特徴の保管場所になったかのように振る舞う。このようにして指導者は，特定の目的のために，まさに指導者には全く適していないことによって選ばれる。有機的組織体が切望するより広い拡張は，集団力動の危機的状況で執拗に現れる，人間についての概念化の領域を含まなければならないだろう。私はこの研究がなぜ，どのような点で重要なのか，そしてなぜこの技能を習得しなければならないのかを，簡単に示そうとした。それは限定されていて高度に専門化された分野だが，50年前には核物理学について同じことが言えたはずである。

貫く沈黙

1976

　この題は，私が考えたものです。と言うのも，それから私がどんな領域について話したいかの見当が付くかもしれず，人を聞きに来る気にさせるのに足りるほど，刺激的だったり苛々させたりするかもしれないと思われたからです。残念ながら，その観点からの利点は，ほぼ同時に不利な点です。なぜならそれは目に付き過ぎで，この主題の広がりにそれ以上の注意を払い難くするからです。私が主題を拡張しようとするために，私たちみなが沈黙したままでいるのは良いことだろうと言い，あなた方はそのときに聞くことを自然に心に留められたならば，ある意味でもっと簡単なことだったでしょう。その一部は直ちに目立つようであり，他の部分はそれほど明確ではなくても，徐々に，おそらく自分の鼓動のようなものさえ聞くことができるでしょう。これは，私が貫く沈黙によって意味することの一部です。もしもあなた方がその沈黙を達成できれば，他の仕方では聞こえないものを聞くことが，もっとできるようになります。そのようにして人は，証拠を集めることができ始めます。すなわち，いくつかの事実，印象が突出し始めます。それはフロイトがシャルコーについて語るときに述べる状況に，かなり似ています。彼はシャルコーを明らかに非常に賞賛していました——そのシャルコーは，こう言っています，「パターンが浮かび上がるのが見えると思うまで見続けなさい」と。これは医学的な訓練を受けた人ならば，X線写真を見るときに馴染みのあることでしょう。X線に慣れ

ていれば，自分が見慣れていない何らかの影に，気づき始めます。あなた方が精神的緊張に耐えることができれば，自分が理解しておらず馴染みのないものを見続けます。残念ながら私たちの大多数は，学校その他の場所で，その溝を埋めることをあっと言う間に学びます。なぜなら，それはとても不快だからです。結果として，沈黙を達成することは，非常に困難になりますが，それは，人生の経過で拾い上げるあらゆる情報の騒がしさのためです。人の心の中では，非常に多くの騒音が続いているので，何か新しい要素に気づくのは大変です。私たちはそのことを，身体と心という点から考えることによって，状況を単純化しようとする傾向があります。それは人為的な区分です。私たちは，さまざまなアイデアを入れて区画化する箱を作り出します——内科医と外科医，そして最終的には精神科医と精神分析者です。私たちがこの最後の箱，すなわち私たちが人間の心と想定するものに関わる箱の中にいると気づくならば，私たちは何を聞くでしょうか。それは何に対応しているのでしょうか。既存の学問の中には，私たちの手引きにできるものがあるでしょうか。たとえば医学では，あなた方は身体が与える情報に開かれているように，身体に対して十分な敬意を払うことができることになっています。私はある獣医が，自分の患者たちが話せないという理由で同情されていたことを思い出します。それに対して彼はこう答えました。「ええ，しかしそれは，彼らが何も嘘をつかないということでもあります」。

　私たちは，身体の言語を理解できるでしょうか。内科医たちは，聴診器や最終的には検査室のようなさまざまな補助具に慣れています。それらは追加の情報をある程度もたらします。しかしこれは，分析者には役に立たないようです。彼が，探究対象である心のようなものの存在を信じていても，頼れるものはごく僅かしかありません。もしもあなた方が一群の人たちの行動に関わっているならば，何に耳を傾けているでしょうか。私たちは，自分に内科医の資格があるとはあまり考えません。だから，身体に関する限り，いわば自分の責務を除外します。しかし私たちは実際には，身体か心を扱っているのではありません。私たちは人全体や集団全体を扱っています。そして私たちがそこで得る情報の量は無限です。そこにはどんな境界もありません。ですから私たちは，素材のこの塊の中から，何らかの選択をしなければなりません。例によってこれには，何を聞くかの選択ばかりでなく，何を聞かないかも伴います。ですか

ら，あなた方がその結果に後悔するのは，相当確かです。一旦明らかになると，あなた方は要点をもっと早く摑まなかった事実を嘆くことがありえます。これは，私たちが何も知らない未来についてさえ，当てはまります。私たちは特定の職業や関心領域を選びますが，これもまた，膨大な量の他の仕事を選ばないことを意味します。あなた方は全体としての集団を引き受けるとき，広がりのある状況を手にします。なぜなら，それぞれのメンバーが特定の道，いわば特定の旅程を選択しているからです。そして彼らはその気になればそれを持ち寄ることができて，あなた方は一種の集合体の印象を得ることができます。しかしまた個人の観点からすると，彼は自分が手に入る知恵や知識の全体の，何を聞き，何を無視するのかを決断しなければなりません。

　この集団が沈黙できたと仮定しましょう。すると，その沈黙の間にさまざまな人たちが聞いたこと，聞いたと思ったことを集めるのは，興味深いでしょう。精神分析ではあなた方は，その種の沈黙とそれを自分で音を立てて——解釈を作り出すことさえして——破ろうとする誘惑に，馴染みになることができます。幸いながら，あるいは不運にも，解釈はいくらでも手に入るので，それに躓くことなしに1ヤードでも進むことは，ほとんど不可能です。私は，精神分析がとても時流に乗っているように見えた頃を思い出します。「父親的存在」やそのような人に出くわすことなしに人々の共同社会に入ることは，ほとんどできませんでした——そこは，そうしたものだらけでした。

　フロイトは「合理化」を病理的機制として叙述しましたが，私は理由や合理的な理由といった方面全体のことを，単に「合理化」の諸形態として考察したく思います。あなた方はどの時点で「合理的」と呼ぶ何か，すなわち何らかの価値や用途があると思われる理由と，こうした「合理化」の一つとの間に，線引きをするでしょうか。精神分析の全体は私たちに理由を，科学的ということになっている理由を提供しますが，私たちがそうした物事にどのような規定を——科学的でも芸術的でも宗教的でも——与えようと構いません。それらはみな，理由です。そしてそれのまた別の見方はただ，それらは人間の心が把握できる物事の範疇に入る，と言うことです。もしも私たちの住む宇宙が，私たちの把握力の箱の中に入ることによって，私たちに恩恵を施すというのではないなら，本当にとても厄介です。悟性に可能である understandable という意味では把握可能ではなかったり，私たちを満足させる仕方すなわち私たちが十分

と見なすものを満たす仕方で合理的に説明されなかったりするものは，非常に多いかもしれません。

　しかしながら，何をさておき情報を収集するというこの問題があります。私が学校に行っていたとき，私たちは礼拝として知られていたものを行なっており，特に一つの讃美歌〔Onward, Christian Soldiers 見よや十字架／進め兵〕が頻繁に歌われました。歌詞は，こんな感じでした。「進めキリスト教徒の兵士たち，戦い進め，キリストの十字架とともに，進み行け」。その狂詩，非常に宗教的な狂詩は，軍楽とちょうど釣り合っていました——それは，美学的に価値がある言葉と，音楽的に同種の地位にありました。音楽教師は，特に目につくほど宗教的性質ではない人でしたが，実際には非常に有能な音楽家でした。ですから「見よや十字架」のような曲を演奏するのは，彼には何ら難しいことではありませんでした。しかしその音楽に何らかの本当らしさを加えるために，彼は軍楽を少し含めることにしました。そしてそれよりもっと自然でありうるものとして，彼はよく知られた英国軍の招集らっぱを披露するべきだとしました——その一つは，「炊事場のドアまで来なさいよ」という言葉とともに，部隊を食事に呼び出すときにいつも用いられました。仲間たちの何人かは，キャンプの日々からその招集らっぱに馴染んでいました。他のもっと真剣に宗教的な気質の者たちは，この音楽の神聖な意味に精通していました。ですから，聴衆は聞いたとき一種のスキゾイド反応を起こした，としか言えない具合でした。つまり，半数はかなりショックを受け，他の半数は歯を剥き出しにして笑いました。その活動の宗教的な部分がどうなったのか，私は知りませんが，結果としてこのように，聴衆は二分されました。それは，聞くことができること，起こっていることに応じられるようにすることに，聞き手をいくらか動揺させる影響がある状況の一つだと私には思われます。

　ほぼ同じことの，別の例です。クライスラー〔E. T. H. ホフマンの小説の登場人物 Johannes Kreisler〕は，「トロイメライ」と名づけた曲を書きました〔シューマンがその人物に同一化した〕。その曲は，「スワニー河へ向かって」〔フォスター歌曲「故郷の人々（スワニー河）」〕と非常によく合います。ですからその二つは，難なく組み合わせることができます。それをさらに特別にするのは，この曲を私が聞くときの私への効果が，非常に異なることです。私の心の中では，それに次のような音が組み合わさるからです。1917 年にフランスで私たちの分隊

は，塹壕の中で砲撃に晒され，遂に撤退させられました――私たちは交代する
ことになりました。私たちは最初の食事を楽しんでおり，「後方領域」として
知られているところにいました。仲間の将校が，どこかで見つけた弦楽器を手
に取り，クライスラーのテーマを弾き始めました。彼が演奏している間，砲撃
の音は，極めて明瞭になりました。私たちはみな沈黙して音楽を，それからか
なりうるさい伴奏である西部戦線の銃撃を聞きました。彼の演奏が終わったと
き，戦闘待機命令がちょうど来たばかりであることが告げられました。私たち
は来たときと同じ道を通って同じ塹壕へと戻らなければなりませんでした。こ
れは個人の経験であり，正確かつ実際のことです。これが，私たちが大人数で
いるとき――たとえばここでのように――それに何らかの価値がある理由で
す。同じ刺激がそれぞれの人に，非常に異なる反応を生むのです。もしもあな
た方が各個人を，いわば微視的にみることができれば，さまざまな経験の驚く
ほどの多様性を見出します――同じ曲，同じ刺激でも，多数の異なった反応が
あります。

　それらをまたまとめて，その集団の心の状態がどうであるか，自分に伝えよ
うとしてください。あなた方は，その集団の心の状態がどうであるかを知るこ
とが重要である立場――私たちはそれを，「指導力」と呼びましょう――にい
るでしょうか。あなた方は，何を聞くでしょうか。私は答えを持ち出してはい
ません，なぜなら知らないからです。指導者であることの不利な点の一つは，
答えを知らないときに，決断をしなければならないことです。決断すること
に，他の理由はありません。さもなければ，あなたに対して決断が下されま
す。答えが既に知られている問題のことは，誰も気を揉みません。指導者は，
答えがないときに決断する重圧に，つねに耐えることができなければなりませ
ん。彼が備えていなければならない一つの質は，一定度の強靱さです。さらに
困難なのは，この決断がなされなければならない実際の領域が，知られていな
いことです。ですからあなた方は，自分たちに利用できるような――通常さほ
どない――経験を，行動へと翻訳しなければなりません。フロイトと彼の先駆
者および後継者たちのおかげで，話すことでさえ一種の行動となりました。つ
まり，それは間を埋める話のような，単に行動の代わりをしようとする，何か
が為されなければならない不幸な日を際限なく延期するものでありえれば，行
動への序曲――それを確かに非常に近くにまでもたらすものでもありえます。

それは指導者（リーダー）が，一定量の経験や訓練をしているけれども，その領野に自分が知らないし理解しない，備えが通常かなり乏しい部分を見る能力を排除するほどではないかどうかという問題です。あなた方がたとえ自分のあらゆる経験を，そのあらゆる切れ端を動員しても，あなた方がいわば現実生活に直面していて，ほとんど瞬時に何を言って何を考えるかを決定しなければならないときには，大した量にはなりません。あなた方がリードする立場にいるとき，先に長い分析的な討論をすることを当てにできる贅沢は持ち合わせていません——あなた方は直ちに行動しなければなりません。通常，人々は何であれ起こりそうな事柄を，前もって論じることができるのを好みますが，それは当然，まだ起きていない何か——未来——に関連しています。行動への用意は，本当にすべて分からないまま行なわれます。すなわち，私たちは何に対して用意をしているのか，知らないのです。行動の瞬間が来るとき，指導者（リーダー）が何かを言うかするかしなければならない瞬間には，どんな用意の時間もありません——彼は直ちに行動しなければならないのです。

　あなた方が，指導力と管理に興味があるかもしれない人たちを集めているならば——SCOLA[§1]——どのような訓練をしていますか。その特殊な集団へと受け入れられることを求めている人に対して，あなた方が要求する最低限の条件は何でしょうか。そのような人を受け入れたら，あなた方は彼らに何をさせていますか。さらにどのような訓練や経験をあなた方は彼らのために選ぶでしょうか。それのいくつかは，参考文献を選ぶ，どんな本を読むべきであるかを選ぶという事柄ですが，私たちが突きつけられている種類の問題についてのこの短いスケッチでは，その人は他に何を読まなければならないでしょうか。詩人たちには，この種の問題を言語的に表現するための才能があるようです。ですから，彼らと彼らの言うことに頼ることができます。たとえばシェイクスピアは，「それは阿呆の語りだ，騒ぎわめくだけでなんの意味もない」〈Shak.Mac. V.v.27〉と言っています。ヴィクトル・ユーゴーもそれに似たことを言っていますが，彼は言葉にカースト制度があるかのように，それを分類する状況を記述しています。高級な言葉，すなわちもう一人の詩人ラシーヌによって用いられる言葉はすべて，パイドラや他の者たちがしたかもしれない経験の表現に適

---

§1　組織における指導力と権威のための研究センター。

していると見なしうる，貴族的な言葉です。それから，いわば中流の言葉があ
ります。それは通常の会話や通常の意見交換に使用できます。最後に，**下品な**
言葉 *les gros* mots があります。あなた方が普遍的な言語をとてもよく得られ
るのは，後者のカテゴリーの中にです。あなた方は自分に実験をして，目覚ま
し時計が鳴ると自分がどう反応するかを見ることができます。あなた方の心に
自然に湧く言葉は何でしょうか。それは，たとえば国連総会で使うことを勧め
られるような言語ではとてもないけれども，文化や訓練などがどれほど異なろ
うとみなに理解されるような言語です。

　もっと個人のことに戻ります，ある日やって来て，自分の脇に 450 リボル
バーを置く患者のような。彼がまだ安全装置を付けているのを見ることができ
ますが，もしもあなたが分析者ならば，自分がその安全装置と，それに何が起
こるのかに，非常に注意を払っていることに気づきます。同じ患者がその次
に，大きな楽器のようなものの一つ——チューバ——を抱えて現れることが
ありえます。それは巨大で重い大砲に似ています。彼が自分の拳銃を撃ってあな
たの解釈を止められなくても，少なくとも彼は，この悪魔のような機械を鳴ら
してそれを止められます。「国連」の中では，もしも共通言語が利用できない
か，適切ではないと考えられるならば，そしてもっと適切な言語形式が十分で
はないならば，彼らも同じように，小火器に訴える羽目に陥ることがありえま
す。しかしそうするとそれは，殺人ではなくなり，戦争となります。

　さて，ではあなた方の SCOLA への入学希望者についてはどうでしょうか。
あなた方は指導者（リーダー）たちを，何のために選ぼうとしているのでしょうか。そして
どのような訓練を与えようとしているでしょうか。それが途方もなく大きな問
題を開くことに，あなた方は同意するだろうと，私は思います。私はその解決
策が何なのか，それが一体達成されることがあるのかどうか——そのうちに達
成されるのかどうか——知りません。状況が緊迫していればいるほど——私は
緊迫していることに何の疑いがあるとも思いません——リヨテ元帥が，船を造
るのに必要な木材を作るのに 100 年かかるだろうと言われたときのように，
「いや，一瞬たりとも無駄にできない」と言う理由が，もっとあります。それ
が私たちの局面です。無駄にする時間はありません。私たちの時間の蓄えは，
私たちのあらゆる残りの蓄えのように，為されなければならない仕事を考える
と，非常に僅かです。そういうことなので，私が話すのは止めて，他の誰かに

機会をお渡ししたいと思います。私は残りの討論が，参加したいと感じる人は誰でも参加するものであるべきだと提案します。

Q　誰かが組織に受け入れられる通常の理由は漠然としていて，何か私たちが定義できないものです。そうすると基準は意味を失い，人工的になります。しかしそれでも人は，組織では何らかの定義可能なパラメーターと基準が論理上必要であると考えるのを好みます。

ビオン　ええ，多くの人たちが自分の好きなものを選ぶのに，それが人であろうと物であろうと，アイデアでさえあろうと，自分がそれを好きだという理由よりももっと良い理由がないことを気にするらしいのは，好奇心をそそることです。なぜそれが難しいのかを言うのは大変ですが，確かにそうです。時にはそれは，ほとんど受け付けない遮壁を生み出すようです。その人が自分の好みを言わなければならないという事実は，それを非常に難しくさせます。あなた方は集まった人たちに，自分の好きなことを自由に話してよいと言うことができます。それは馬鹿馬鹿しく単純に思われます。ですから，あなた方が沈黙に出会うことになるのは，非常に驚かせることです。

Q　これは何らかの意味で正義の問題に関係していないでしょうか。そして誰かを好きであることは，十分ではないのでしょうか——組織の中や企業経営をしているか何らかの敬意をもって人間を扱っていると——今好きであること以上に，何らかの基準を自分に期待しないでしょうか。

ビオン　その通りです——私たちはいつもそれを切望しています。これは決断することについての難しさです。あなた方はいつも，不十分な知識や経験に基づいて決断しなければなりません。そしてあなた方が自分自身について知れば知るほど，あなた方の資源がいかに極めて乏しいか，ますます知るようになります。相当の人生経験の後でさえ，あなた方がかなり確かに信じられる一つのことがあります——あなたの無知と，装備の欠如です。たとえあなた方が，何を言ったりしたりするのかを決める方法として，何が好きで何は好きではないかに頼るとしても，確かなのは，それが十分ではないことです。答えが知られておらず，情報が十分ではない状況で，いつも責任を負わなければならないのは，人間にとって恐ろしい状況です。あなた方は非常に洗練された情報収集システムを持つことができますが，それでもまだ十分ではありません。

　私はあなた方が語彙——何らかの理論や診断，解釈——のどの部分でも，なしで済ませられるとは，疑わしく思います。最終的にそれは，個人を頼りにします。あなたは誰でしょうか。あなたの資源は何でしょうか。あなたの情報は何でしょうか。あなたの言動を決定する証拠は，何でしょうか。あなたがほど良い知能を持っているならば，あるいはあなたが十分に知的だと仮定したならば，あなたがこうした日々の問題を解くのに利用できる，十分な知性を持っていると感じたならば，私は確かに非常に驚くでしょう。しかしもちろん，あなた方は自分の語彙を限定したいと言うことができます。私がこの数行で「知性」という言葉を３回使用したことを，注意して見てください。しかしそのことは，だからそれは用いるのに良い言葉だとか，広く使われているとか，あなたに必須の基本語彙であることを証明しません。もしもあなた方が人間の話す能力を，何かを行なうのに選ばれた方法として使用する人たちの一人であるならば，あなたは使える状態に保てるとあなたが考える個人的な語彙を鍛造しなければなりません（手に入る，価値の下がった古い決まり文句や擦り切れた理論，価値を切り下げられた硬貨の代わりに）。残念ながら，それは問題の一部に過ぎません。その特定の種類の武器や言語という道具を使うのは，あなたの話を聞き，あなたが言うことを理解する誰かがいない限り，良いことではありません。

　私はジョン・リックマンが私に，私たちがノースフィールド実験を約６週間行なうのを成功させた後で語った経験に，非常に感銘を受けました。彼はヨーク駅で兵士に会いました。その兵士は，リックマンと私が実験をしていたときに，ノースフィールドにいたと言い，自分がどれほど感謝しているかを伝えたがっていました。なぜなら彼は初めて，大学とはどのようなものであるかを理解したからです——そしてそれは最後の機会でもある可能性が非常に高かったと私は思います。なぜなら彼は特権階級の出身者ではなかったからです。彼は軍隊へと吹き寄せられた，貧しい人でした。その種の経験には，非常に心を動かすものがあります。私がそれに強く感銘を受けたと言うとき，その男性はどのような印象を受けたのかと思います。それは，話すことが感銘を与えるのかもしれないことを確かに示しています。すなわち，あなた方が言うことを聞いてそれに感銘を受ける誰かがいるかもしれません。ですからあなた方が，少なくとも印象に残る語彙を持っているならば，それはとても良いことで

す。あなた方は自分の語彙を選んで，それを使える状態に維持しなければなりません。

Q　あなたのお話の題から，語彙の一つの側面は，あなた自身の特定の関心だったように思われます——たとえば，「貫く沈黙」という題です。

ビオン　音楽家たちはこの点を高く評価していると私は思います。なぜなら，彼らはさまざまな形の彼らが「休止符」と呼ぶもののために，紙に書く記号を持っているからです。その重要性を認識している，他の人たちもいます。——「知恵は，余暇の機会を通じて，学問のある者に来る」〔聖書外典シラ書38：24〕。この文章について私に印象的なのは，「知恵」と「学問のある者に来る」です。言い換えれば，その人は学問がある者であることができなければなりませんが，そのことは，彼が賢明になると言おうとしているわけではありません。

Q　私は，それが自分自身の語彙への抵抗の，そして学習と知恵を区別する際の多少の困難の理由の一つではないかと思います。それは，知恵に伴って恐怖があるからでしょうか。

ビオン　私に関する限り，私は「恐怖 terror」のような用語の使用に敬意を払うことには，多くの利点があると確信しています。私は「ひどく terribly」不安に感じます。そのような言葉は非常にしばしば，それをすっかり消し去るような文脈で用いられます——「ああ，私はひどく不安に感じます」。快い響きが，その言葉を否定するために持ち込まれます。付随する響きが，それを偽装します。それは，指導力を発揮する役割にある人が，証拠に敏感でいられなければならない，もう一つの理由です——無関係である塊全体の中で，証拠であるもの，証拠となるものに。ビルマ戦争では，手の込んだ「秘密の」メッセージが送信されましたが，敵が傍聴できる仕方で送られました。ですから，部隊や戦車ほかの動きが隠されただけでなく，主に米国の空軍による上空援護のおかげで，敵が本当の意図を知らないままで，前線の全く誤った区域に——それは第4師団の位置だったと思います——いるという確信を敵の心の中に築くこともできました。自己自身に関しては，あなた方が指導者である立場にいるならば，あなた方はあらゆる種類の情報を受け取ることを，考慮しなければなりません——そのいくつかは自然に，いくつかは故意に提供されます。しかしあなた方は，非常に限られた資源を用いて，告げられることの中の，あなたの

五感があなたに伝えることの中の，あなたのスパイが，あなたの「諜報機関」が伝えることの中の，何を聞こうとするつもりであるかを，決断しなければなりません。だから私はこのようにして——あるいは私は進むにつれて自分の語彙を積み上げ間に合わせで急場をしのいでいるように私には思われます——「知性」と「知恵」を区別していると言うことができます。ナチスは，ニュルンベルク決起集会——素晴らしい組織化です——のようなものを計画できるほど，並外れて知的だったに違いありませんが，たとえその件で私に選択権があっても，私はこの高度に知的な組織化と高度に知的な組織化能力を鵜呑みにすることはないでしょう。あなた方がなぜ私はそうしないのかと尋ねても，私は本当に答えることができるとは思いません。

　個人のことになると，あなた方は自分の持っている資源を，非常に狭い分野に適用することができます。あなた方が自分で確かめられることは，しなければならない日々のその場での決断に，どのように当てはまるでしょうか。

Q　私たちが持っていることを知らない知識は，どうでしょうか——私たちが「直観」と呼ぶことがあるものです。

ビオン　あなた方がそれについて話したいならば，「直観」のような言葉を，それが何かについてであり，実際には自分が直観を有していると期待しつつ，発明しなければなりません。数学者でさえ，数学的操作を行なう古典的方法は十分ではないと推定しました——何か他のものがあるに違いない，と。それは，他の仕方では気づかなかったかもしれないものに読者の注意を向けさせるように何かを表現できる詩人に，かなり似ています。「直観」のような言葉を用いる人は，そうしたものがあると確信するほど十分な知識はないかもしれませんが，あると感じて専門用語を表現するかもしれません。しかし彼は誰かに「あなたは直観で何を意味していますか」と聞かれる危険を冒さなければなりません。彼が言えるのは「私がそれを使うのをあなたが何度も聞けば，私が何について話しているのか，大まかに分かる可能性があると思います」ということだけです。パターンが現れて来て，そこではこう言うのが適切に思われるでしょう。「ああ，直観で彼が意味してるのはこれか」「ああ，今私はあなたが大学で何を意味しているのか分かります。私は行ったことがありませんし，決して行きそうにもありませんが，それがあなたの意味していることですね」。これは，この種の職業の魅力の一部のように私には思われます。

Q　私たちの職業で沈黙が個人的に必要なことについて，御意見をいただければと思います。

ビオン　私は，沈黙に耳を傾け，それを破ろうと急ぎ過ぎないことは役に立つと考えます。私はこれに馴染んでいます。なぜなら，私が疲れているときはいつも，解釈がどっと心に溢れ出て来るからです——あらゆるフロイト流，クライン流，アブラハム流の，かつて考えた有り難い解釈です——みな大挙して私の心に押し寄せます。確かに，精神分析の訓練は精神分析者の神経症の一種になり，こうした解釈を用いようと飛びつくときは疲れているサインだと言えそうです。実際，私たちが本当に全能的で全知的である唯一の状況は，何が起きているのかを全く分からないときだと思います——そうであるしかないときです。ほとんど同じことが，沈黙に耳を傾けられない人に当てはまります。沈黙に耐えられない経験に馴染みがない人がここにいるとしたら，私は驚きます。「まったくもう！　なぜ何も言えないんだ？」と。しかし実際には，沈黙を聞くことができることには，多くの利点があります。

Q　あなたは人間の資源について，かなり悲観的なようです。そのことは私に，非常に悲観的に感じさせます——私はそれに対して，私たちがそれをどう扱えるか考えることによって，中和したくなりました。

ビオン　私はそれを，こう扱います。私が悲観的か楽観的かは，それほど重要ではありません，私は人間を扱わなければならないからです。乳児としてでさえ，人は依存的です。そして独立した人としても，孤独や孤立に馴染んでいます。あなた方が群衆の中にいるときでさえ，あなた方はみな一人です——それは，あなた方が個人であるために支払う対価です。あなた方が依存する価値のないものにたいてい依存しているという事実は，あなた方に明確になることができます。しかしもしもあなた方が指導者〔リーダー〕ならば，あなた方は扱っている人たちに対してそれを明確にしてはいけません。なぜなら，個々の恐怖であるものは，十分に支持されると，パニック恐怖になる危険がつねにあるからです。もしも集まり全体が速やかに逃げるならば，それには少なくとも，孤独を消すという長所があります。それは，なぜ指導者〔リーダー〕が雪崩を打って逃げだすのに反対すると，危険な状況にいるのかの一つの理由です。彼の資源は〔他の者たちより〕多くはありませんが，彼は状況の危険性に対する自分の考えと意識を，残りの者たちのモデルとしてそれを利用できるようにする類の言語に，翻訳してはい

けません。彼は連隊を後ろから統率してはいけません——有名なプラザ・トロ公爵[§2]のように。「しかし彼の連隊が逃走したとき，彼の場所は前面でした，ああ——あの祝福された，教養ある，過小評価された高貴な人，プラザ・トロ公爵！」。これは，孤独があなたに紛れのない仕方で痛切に感じられる状況です。

Q 部隊もやはり孤立しているでしょうか。

ビオン それは誰が彼らを「部隊」と呼んで，その特定の箱に入れるのかによります。私は彼らが，どのような仕方でも異なる状況にいるとは思いません。彼らは同じ状況にいますが，指導者である人たちが，その特定の枠に入っていないかもしれないという違いはあります。彼らは単に部隊として勤務し，事実私たちが「かわいそうな部隊」と呼ぶかもしれないものである可能性があります。なぜなら，彼らの指導力のためのはけ口がないからです。そのうちの何人かは，その指導力の特質を発揮する機会があれば，もっと良い仕事をしただろうと考えられます。それはチャーチルが，民主主義は政府の忌々しい悪いシステムだが，それは人々に自分たちが何をできるかを示す機会を提供するので——少なくともそういうことになっているので，偶然最良のものであると述べたときに，心の中にあったことだと私は思います。

---

§2 ギルバートとサリバンによるオペレッタ『ゴンドラの漕ぎ手』から。

新しくて改良された

1977

　私は時折，フロイトは自分がどんなマントを着ているのか，決して本当には理解していなかったと思うことがあります。彼は何箇所か[§1]で，自分を「世界の眠りを妨げた者の一人」と叙述する際に，ヘッベル[§2]によるこの言葉を引用しており，一度ならず，自分が騒動を引き起こした自覚があることを示唆しました。しかし彼は，どんな騒動だったかを知って驚いているようでした。精神分析の歴史についての論文の中で，彼はパリ市の紋章の銘（標語）に触れています。それはこういうものです——「波に翻弄されても沈まない」。

　私たちが物事の尺度について正しいとすると，人類としての私たちが最近達成したのは，話す能力だと言えるでしょう——それは単にこの数千年のことです。それは，漂い流れる達成です。それは何の上を漂い流れているのでしょうか。それは重要性のある事柄です。というのも，ここで私たちは個々の場面で，漂っているのがどんな海であれ，まだその表面を漂っているに過ぎないからです，私たちが浮かんでいるのがどんな海であれ。私には，人間の情動的生

---

§1　たとえば，1911年9月10日付ジークムント・フロイトからルートヴィヒ・ビンスヴァンガーへの手紙．(Fichtner, 1972, pp. 73-75)，1896年4月26日付フロイトからフリースへの手紙．(Masson編，1985)，「精神分析運動の歴史」(Freud, 1914d) がある。
§2　クリスチャン・フリードリッヒ・ヘッベル Christian Friedrich Hebbel (1813-1863)，劇作家，詩人，短編小説家。引用は，ヘッベルの『ギューゲスと彼の指輪』第五幕第一場におけるギューゲスに対するカンダウレス王の言葉である。

活に最も近づくことができるのは，話す能力と議論する能力のように思われます。しかし話す能力は——今日では考える能力，ここでのようにさまざまな問題を解決するために協力する能力さえも——人々は性急なので，非常に不安定であると思われます。大規模の群衆は，国家同士でさえ，暴力によって問題を解決しようとします。問題が気に入らなければ，それを撃破すればよいのです。

　アンドレ・グリーンは私に，「La réponse est le malheur de la question」[*1]という言葉を紹介してくれました。それは，「答えは好奇心の不幸（あるいは病気，疾患）である」と訳せるでしょう。答えは，好奇心を殺してしまうものです。あなた方はかなり素早く解決策に飛びつくことができれば，好奇心を終わらせることができます。ですから，自分自身について何かを理解したい，知りたいと思う人たちの問い，つまり私たちが誰なのか，私たちが何であり何をしているのかについての探究のことになると，誘惑は，時期尚早に答えに飛びつくことによって，それを終わらせることです。

　最近では，ご存知のように，これは人を殺したり，殺害したり——もっと上品な言葉で言えば——人々と戦うことによって，実際に大規模に行なわれてきています。精神分析の全体が，こうした荒れ狂う海の上に，とても不安定に漂い流れていて，暴力的なアプローチによって簡単に水没させられるのではないか，と思われます。たとえば，ある個人がどのような人なのかを言い表すのは，簡単ではありません。ですから，すぐに目に入る皮膚の色を見て，「これは白い」，あるいはユスティノフが言うように「ピンクだ」と言って——それで終わらせることができれば，好都合です。あなた方はその答えを自分の好奇心の中に押し込んで，好奇心が黙ってくれることを望みます。

　好奇心をそそるのは，人がこの動揺は一体何なのかを知りたいと強く欲すると，大きな問題を引き起こすように思われることです。表面的には，精神分析は非常に安全な仕事であり，身体的にも快適で，かなり魅力的に見えます。ですから，多くの人たちがこの奇妙な職業に引き寄せられます。

　精神分析的な探究は，強力な感情を呼び起こしえます——たとえば憎しみの感情です。フロイトはそれを「転移」と呼びました——自ら姿を現す現象の一

＊1　モーリス・ブランショ。

種です。ですから，あなた方が明日オフィスに行くとき，この「転移」を経験する可能性があります。このような言葉の厄介なところは，それが見えないし，嗅げない，触れない，味わえないところです。ですから，それは次々に用語を造り出す知識人に特有と見なされます。しかし，私たちは実際に私たちのところに分析を求めてやって来る僅かな人たちと関わっていますが，ほとんどの場合，彼らは分析を嫌います。これは慰めのように聞こえるかもしれません——おそらくそうです——が，私はあなた方が分析の経験を積めば積むほど，分析希望者が分析をやめてしまうのに，せいぜい数秒しかかからないという事実に慣れることができると思います。患者はなかなか来ず，来てもあっさりといなくなるという知識が，あなた方の最初に知ることです——精神分析の失敗，そして解釈を与えるとは何といい加減なことかをです。ほとんどの人は自分への批評を嫌います——が，それこそ解釈です。一つの結果は，自分が失敗作だ（あるいは何かが失敗作で自分が下手であること）と思い知らされる一方で，つねに何かより良いもの——新しくて改良されたものがある，ということです。私はこの題名を，ケロッグのコーンフレークから借りています。私は「新しく改良された」ものがどうなるのかは知りませんが，それらはしばしば成功します——あるいは，少なくとも専門技術者に関しては成功します。それは非常に誘惑的なアイデアです——ほとんど一言に集約できます——治癒，という。それには，良い時が来つつある，改善，**より良くなる**という含みがあります。私たちは，そのことを意識しておかなければなりません。なぜなら，本当に盛んなものが乱流であり動揺，激動であるとき，私たちが望むことをできるのは，私たちが漂い流れる以上のことではないかもしれないからです。私たちは分析者として，私たちは分析という実際の課題から，そのような野心に誘惑されることに用心すべきです。

　フロイトは，シャルコーが「十分に長く観察すれば，パターンが浮かび上がるのが見えるはずだ」と述べたことに感銘を受けました。難しいのは，十分に長く続く機会を，どのように見出すかです。ほとんどの人は，見られることや観察されること——さらに悪いことに——自分について論評されることを好みません。私が考慮したいのは，私たちが自分自身の分析についてではなく，この仕事の一部として現れる問題について考えるべきだということです。

　言い換えれば，明日あなた方の患者が部屋に入ってきたとき，あなた方は何

を見るでしょうか。もちろん，多くの分析者たちは医学的訓練を受けています
——私はその訓練が十分良いものかどうか，あるいは関係者たちが考えるほど
良いものであるかどうかさえ，疑わしく思います。しかし分析者として私たち
は，さらに面倒なことになるかもしれません。なぜなら，患者の何が問題なの
かについての私たちの観念は，通常の医師のものよりもずっと強烈で，厳密で
ありうるからです。私はこうしたことを，ある医師から紹介された患者に会う
ことになったときに経験しました。私はその医師に，この患者は重症筋無力症
（当時，それについて大したことは知られていませんでした——私は偶然，
知っていました）に罹っていると判断する，と書いたことがありました。その
約半年後，彼は私に，重症筋無力症の末期を非常に綿密に描写しながら手紙を
寄越して，「つまりお分かりでしょう，あなたは間違っていました。その患者
の死因は……」と書きました。それは全く本当でした——しかし，その死因
は，初期の症状に含まれていたものではありません。

　私は，唯一正しいのが身体的な接近方法であると推定することが合理的な状
態においてさえ，精神分析者たちは皮膚やX線上ばかりでなく精神的にも現
れていて，心やパーソナリティからではなく，身体から生じていると見なされ
うる，身体疾患の症状を探知できるかもしれない見込みが，十分にあると思い
ます。初期の分析者たちの中には，身体の病気に対する臨床感覚の優れた人が
いましたが，残念ながら彼らは，すべてが身体的だと決める傾向がありまし
た。それでフロイトは，精神障害の本当の源は身体であり，身体の病気には身
体的な接近方法が必要であるという理由から攻撃されました。しかし私たちの
問題は，明日の患者を観察することです。私たちは，ある障害の重大な症状の
起源が身体にあることを探知できるばかりでなく，心自体に由来する障害のこ
とも探知できることになっています。シェイクスピアが言ったように，「お前
は病んだ心の世話ができないのか？」〔『マクベス』第5幕第3場〕。私が思うに，
それへの答えは，「ええ，400年待ってくれるならば，私たちはやってみます。
その頃までには，誰かが精神分析を発明していて，私たちは心について何かを
知っているでしょう」というものだったでしょう。

　私たちは，どのように性格やパーソナリティを観察しようとするでしょう
か。これに関して私が感じていることは——私が自分を観察できてきた限りで
——私は無から，自分が推量や推測，合理的推測をし始める点へと進みます。

フロイトは，夢が中枢であると言っています——その通りです。しかし，彼が
ある種の夢を合理化として叙述するとき，困難が生じます。ある合理化とその
他の合理化の間の差異は，どう付けられるのでしょうか。それは分析自体につ
いても言えることです。分析全体は，精巧な記憶錯誤の一種，つまり，あなた
方が知らないことや忘れてしまったことの代わりに作り出されるものと，どの
ように違うのでしょうか。

　私は，患者にとって何が問題なのかや，患者がなぜ来たのかを想像するとこ
ろから自分が始められないならば，困難を感じるでしょう。しかしこれは，非
常に無防備な状態です。誰もが，「あなたは患者を本当に診察する代わりに，
代わり映えのしない話を作り上げているだけです」と言えます。なので，あな
た方が想像するものや，想像上の推測や合理的な推測は，自分の胸にしまって
おくのがよいのです。なぜなら，それらは定式化すれば，止められることがあ
るからです。もちろん，それらを止められる最も明白な人は，被分析者です。
彼はその場から立ち去ることができます。しかし，これは分析者ではない人，
何も知らない人，しかし被分析者の親戚かもしれない人にも当てはまります。
彼らは簡単に，「なんてくだらないんだ，なんて弱い想像力なんだ」と言うこ
とができるのです。そのような観点から，もしあなたが，自分の想像的な再構
築がもう少ししっかりしたものになるかどうかを待つという贅沢を味わうこと
ができるのであれば，私は自分の想像力を公開するのは良いことだと思います
——それがどんなに馬鹿げていても，愚かでも，耐え難いものであっても。私
は，思いついたことを何でも口にするような，無規律な狂詩風の語りのことを
言っているのではありません。同時に，科学的で，正確で，厳密でなければな
らないという制約も受けたくありません。

　ユークリッド幾何学はしっかりと確立しているように見えますが，それは一
部には，私たちが絵や三角形，円を描くことができるからであり，目による証
拠の比重が非常に大きいからです。それは乳児が発揮できると思われる最初の
能力の一つであり，万能感への接近方法の一種です。這うことはできなくて
も，見ることによって何かに到達できます。ですから幾何学的には，それは多
くの問題を解決するように思われます——ただし，本当は一つにならない平行
線のような，いくつかの問題があります。それらは，十分に長くよく見ると，
論理的に行き詰まります。

　私たちは，ユークリッド幾何学が有用であると今でも言うことができますし，ユークリッドが全く間違っていたということはありえません——彼が造り出したものは，2000 年から 3000 年もったのです。しかし，私はその先を言います。幾何学は代数幾何学によって，デカルト座標の発見によって，視覚の専制から解放され，それ以来，視覚的幾何学を数学的公式の集まりに変換できるようになったのです。

　ユークリッドの話に戻ると，「本物の」幾何学はユークリッドによって部分的に発見されていたはずであり，彼が発見したのは，たとえ彼が射影幾何学や代数幾何学とは何かを知らなかったとしても，そこに暗に含まれた真の幾何学だったと言えるかもしれません。にもかかわらず，直交幾何学や代数幾何学のことになると，暗に含まれていたものが明示的になっています。私はそれが大きな厄介事を起こしたとは思いませんが，誰かが——たとえば，まさに範例であるフロイトが——暗に含まれたものを明白にするとき，厄介事があります。彼が指摘したように，人々は，つねに新しい病気を発明している——よって責任を負う——医師たちについて苦情を言うことができます。しかしそれは，新しい病気が実在するのを医師たちが見て取るからです。しかし，これを心について行なうのは，いかにもちょっと行き過ぎのようであり，大変な騒ぎを引き起こします。私たち自身のような人間の場合でさえ，私たちが実際に暗に含まれており，つねにそうだったものを単に明白にしたことで面倒を引き起こしたと気づくのに，それほど時間はかかりません。見えるようにすることや，はっきりと目立つようにすることには，何かひどく評判が悪いものがあります。分析を実践している人は誰でも，苦労のない在り方を期待できません。私たちは，オフィスで分析者と被分析者は難儀するためにいることを認識しなければなりません。実際，分析されるのを好むとか分析者であることを好むのは，奇妙な事態です。どちらもが分析を嫌う方が自然であり，この領域の性質に一致しています。本物の解釈ではなく，それを耐えやすい形にしたものを与えるようにというかなりの圧力が，つねにかかっています。ですから，患者も分析者も，真実とはとても言えない解釈を見つけることをとても喜びます——これは絶えずある，避けられないことだと思います。私たちは，いくぶん不快で危険な職業に就いています，見かけはその反対で，私たちはつねにそれが安全で快適で「新しくて改良されている」，もっと治癒効果があるものだと信じる機会

を与えられていますが。「私が精神分析と呼ぶものを受けなさい，そうすれば
あなたの気分は良くなるでしょう」。危険は，受けた人がもっと多くを観察で
きるようになり，その人たちが観察するものが必ずしも好ましいとは全く限ら
ないということの方に，よほどあります。印象派のような画家たちでさえ，騒
動に巻き込まれました——彼らの絵は，逆上をよく生み出したのです。最近に
発見されたこの活動——私たち自身を見るというもの——は，おそらく最も
はっきりと不快なものです。私たちは，天文学者が巨大な電波望遠鏡や天文台
を建設することはあまり気にかけませんが，自分自身を見るというこの活動は
嫌います。自分自身すなわち自分の心は，通常は都合よく隠されていて——そ
れは，人にそもそも心があるのかどうかを言うのが難しいほどです——その状
態は，人々のパーソナリティについて考察するよりも，はるかに快適であると
見なされています。私は，私たちが自由に想像力を働かせてはどうかと勧めま
す。そして，それが事実に近いものに置き換わっていくことを期待します。私
は，それが事実に近づくことは，疑わしく思います。なぜなら，事実を信じる
ことは自然科学者たちの特権であり，その彼らでさえ，不確定性原理のような
考え方が導入されたために，厄介事に巻き込まれていますから。裁判所もまた
困った状態にあり，診断が二つ——有罪か無罪か——しかなく，二つの処遇し
かないことに満足していません（人を殺すという意味での処刑を含めると三つ
かもしれません，それは抜本的な処置です）。そこでもまた，この苦境から彼
らを救い出すために精神科医や精神分析者たちを引き込みたがる傾向がありま
す。それは，彼らのやや限定的ですが有効な診断と治療法があるおかげです。
私たちがそれに関わるのが賢明かどうかは，また別の問題です。私たちが今
知っていることを知っていると，これらのシステムと協働するのか，共謀する
のかを決定するのは困難です。
　これは私たちを，別の点に向かわせます。それは，私たちが自分ではない人
たちや，社会の集団にさえも依存していますが，同時に孤独でもあることで
す。なので私たちは，二重に不快な経験，つまり依存しながら孤立していると
いう経験をしています。あなた方は自分のオフィスで，非常に貴重な味方であ
りうる被分析者，この課題に協力できる人といても——被分析者と二人きりで
いるときでさえ——あなたは一人です。私はこれを，単に言葉の逆説であると
は考えません。これはあなた方が自分のオフィスで，自分の理性，論理，想像

力，推測の能力のすべてを駆使して，自分自身で試せることの一つです。能力のこの限られた供給は，どれも欠かすことができません。それが実践で意味するのは，こういうことです。セッションで起こったことを記録すると称してメモを取るか，メモを取らずに想像力を働かせて，次に起こることを想像する方が有益かもしれないと考える価値があるかどうか。

　私はポルーニンが，英国でロシア・バレエ団に従事していたときに話してくれた物語を思い出します。彼が言うには，彼はディアギレフ，ストラヴィンスキー，フォーキンと一緒にいて，バレエ「ペトルーシュカ」の最終版とでもいうべきものの通し稽古をしたところでした。ストラヴィンスキーとフォーキンは喜んで満足していました。ディアギレフは，「いや，これではだめだ」と言いました。バレエは，ペトルーシュカの死で終わっていました。ディアギレフは「ペトルーシュカの亡霊が出なければ」と言いました。二人はこれに反対しましたが，最終的にストラヴィンスキーはもう少し曲を書き，フォーキンは振付を足して，それが最終版となりました。それは，ディアギレフの全く馬鹿げた何かを信じる能力に依拠していました——人形の幽霊という，いずれにせよ生命力がないものが出るべきだということは，想像力の法外な離れ業のように，私には思われます。ですから，被分析者とのセッションでは，私たちは姿を現していない幽霊に，何らかの接近をしなければなりません。あなた方は，完璧に良い語りの物語を有しています。患者はあらゆることをあなたに話します——自分の人生の歴史についてです。しかし，姿を現していない役についてはどうでしょうか。今私はそれを「幽霊」と呼びましたが，気づく必要があるのは，本当は分析の幽霊です。それは私たちがそれを知っているか，それを作り上げることができさえすれば，この物語を完成させるものです。これでは，「あなた方がするべきなのは，想像力を走らせることだけだ——何でも好きに考えてみて」と言っているように聞こえます。しかし，それは十分ではありません。そこには，何らかの修練を伴う枠組み，骨格，骨のような構造が必要です。精神分析の修練から逃れることはできないのです。私たちがなぜそのような恐ろしい修練を経験しなければならないのかを理解するのは，非常に難しいことですし，それが将来どんな形で報われるのかを推測することも，同じく困難です。しかしそれは，あなた方の想像力でさえ，想像力による乱痴気騒ぎに発展することが許されないように，ともかく必要なのです。

　私は，私たちが何を見ているのかについて，実際には何も言っていません。それは一部には誰もが，物理的な出来事から借りた言葉に頼りながら，私たちが見たり聞いたりするものが何なのかについて，自分で判断を下さなければならないからです。分析者と被分析者の実際の出会いに代わるものは，何一つありえません。その二人は，複眼視を生み出すこと，複眼で観察することを求められます。おそらくあなた方は，討論を続けたいでしょう。

Q　先ほど触れられた「骨格」について，詳しく教えてください——骨のような構造とは？

ビオン　私にすぐに思い浮かぶのは，『戦争と平和』の一節で，アンドレ王子が自分に何か言われたことに対して，「それは本当だ，受け入れなさい」と言っているところです。言い換えれば，そこには，それが真実だと人に感じさせる何かがあるということです。想像力によるあらゆる再構築にもかかわらず，私たちが基本的に追い求めているのは真実です。そこには，あらゆる種類の接近方法があります。作曲家は曲を作ることができ，どういうわけかあなた方は「そうだ，その通りだ」と感じます。画家でも同じです。誠実な芸術作品を作る画家と，インチキな作品を作る画家の間には，違いがあります。インチキな作品は，真正なものにそっくりに，あるいはそれより良くさえ見えることができますが，説得力のある真正なものには，何かがあります。たとえ私たちが真実を知ることができなくても，私たちがそれに与する偏見を持つのは，基本的に正しいことです。そしてそれが，自分を欺くのが難しいほど，断固とした硬いもの〔骨〕とは何かという問いに答えようとして，私に近づけるところです。

Q　あなたは医学教育が，その関係者たちが考えているほど，また，そうあってほしいと思っているほど，良いものではないことに触れました。もしも，あなたが完全に自由にできるとしたら，精神分析の教育の仕方について，何を推奨しますか。

ビオン　私はその問いを自分に投げかけてきましたし，今もそうしています。私が英国精神分析協会の訓練委員会に関わりがあったとき，それを進展させたとは言えません。それは今でも私を悩ませる問いです。最近私は，私たちが自分の想像力を，あるいは合理化の能力をさえ発展させようとするべきかどう

図 ビオンの元の「反転可能図」である題の写し

か，考え始めました。しかしそこでもまた，危険なのは，それが全く修練を欠いたものになることです。わたしはそれを，「熱狂」と言うことで叙述できるのかどうかを考えました――ある種の熱狂的な活動に携わって，想像力をただ走らせるのです。それは明らかに危険です。単に想像力による構築物をどんどん増殖させるのは，十分に良いことではありません[§3]。

「それの解釈は何か？　それはどういう意味だ？」と言うことはできます。それはかなり単刀直入なものです。それの奇妙さは，一度見たら，見るのを止められないことです――そこには何の問題もありません。これは，問題を解決する際の奇妙な点の一つです――答えがあまりにも明白なために，それまでの騒ぎは何だったのだろうと私たちは思うのです。

Q　M・C・エッシャーのように――それは，他の答えを見せないようにします。

―――――――――――――――――――――――――――――――
[§3]　ここでビオンは，今回の講演タイトルを図示した A4 サイズの紙を配った。そこには反転可能な見方を用いた線画が描かれている。本頁図を参照。

ビオン　そうですね。実際，エッシャーについての講義があってもいいのでは
ないでしょうか。もちろん，それは単に絵の描き方や塗り方という修練の問題
ではなく，見るという修練のことでもあります。印象派たちを実際に見に行っ
ていなければ，それを見たと思うのは価値がないと言えるでしょう。そのため
には，自分の身をそこに運んで，それを見るという身体的修練を積まなければ
なりません——おそらく，それをしばらく見るということも。

Q　私はお話を聞いていて，あなたが私たちに，分析状況で私たち自身の無力
さを受け入れるようにと，とても優しく励ましていると感じました。そして，
私たちの唯一の力の感覚は想像することと，私たちの想像力が発達しているか
どうかを見ることにあるのかもしれないと感じました。

ビオン　私たちが無力である限りで，私はそれを知るのは良いことだと思いま
す。しかし，万能感が患者の持つ特殊な精神状態だと考えるのは，間違いで
す。実際，私たちは解決できない問題に直面するときにはいつも，何度も何度
も万能感へと陥ります。私たちは万能的だと感じることが，全圧力です。実
に，治ることは分析者のほとんど職業病です。私たちは，自分たちが治ってい
ることを示す証拠を生み出せることを，切望します。本当に直観的な人たちの
集まりが誰かの欠陥ある性質を見抜けないとは，信じ難いことです。結集され
た国民の英知の成果が，これまで程度なのは，驚くべきことです。

　〈エデンの園〉や〈楽園追放〉，〈バベルの塔〉のような物語は，人間が知性
を発達させることに強く反対する力が存在することへの，明確な気づきを示し
ているように思われるでしょう。しかしあなた方は，こうした物語に訴える必
要はありません——自分自身のオフィスで何が起きているかを見ればよいだけ
です。フロイトは，ある会合に多くの精神分析者たちを集めたとき，一定の合
意が得られるだろうと考えました。彼は，その結果が分散のようなものだった
ことを知って，非常に落胆したようでした。分析者たちはみな反目し，みな異
論を唱えました。このように，一種の「分裂」はするものです。彼らが集まる
とき——たとえばここでのように——物理的にも精神的にも離れて，別々の方
向に行ってしまうことがありえます。それは経なければなければならない段階
だと，私は思います。

　メラニー・クラインの投影同一化の理論によれば，個人は空想として，自分
のパーソナリティの一部を分裂排除して排出し，自分から取り除くことができ

ると信じています。私たちみなが知っているように，それは意見が分かれるところです——分かると思う人たちもいれば，そうではない人たちもいます。しかし私は，別のバージョンを挙げたいと思います——いわば，同じ物語を別の水準で表現したものです。ブロイアーは，フロイトもですが，カタルシス法を信じていました。それはまた同じ物語でしょうか。人々にその何らかの精神状態を排出させることによる治療でしょうか？　フロイトはそこから脱しました。彼は，このカタルシス法が十分なものではないと感じました。彼は，孤立して存在していることができるという並外れた能力を持っていたにもかかわらず，気さくで，人とつながる能力が非常に高い，とても思いやりのある人でした。

　人間の言葉を発明した人は，自分の発明が真実を伝えるために使われることに，非常に動揺したかもしれません。言葉を話せることの明らかな利点は，人を欺けるということです。嘘をつくための完璧に素晴らしい機能を，真実を語る方法へと歪めることは，ちょっと大変なことのように思えます——私は，嘘つきの擁護者として発言していないことを望みますが，ブレイクでさえ，ミルトンははっきりと反対派の側にいた，と言っています——〈楽園〉の権力者たちの側ではなく。

Q　［質問はタイプ原稿には欠けている］

ビオン　私はフロイトが，治癒に与して，真実は人を気分良くするだろうという偏見をやはり持っていると思います。これについては，かなりの論争があります——私はそれが表だって論争されているとは言いませんが，良い嘘はいつでも，真実と同じ価値があると信じている人たちが大勢います。実際，最近の論文に，末期癌がある患者には，私たちはその人が好むような，感じの良いことを伝えるべきだという提言がありました。しかし末期癌の人がそのことを知っていて，それについての嘘に価値を見出さないという危険はつねにあります。私たちの原始的で原初的な衝動は，ここ（脳）からの戯言に侵入されることを，有り難がりません。それは，パーソナリティや性格の最初の所有者であるようなものです。それは原始的な罪悪感のようなもの——あるいは宗教的な人たちが言うところの原罪のようなものです。人間存在の最初の所有者は，今や，真実を語りたい，真実を知りたい，真実を調べたいという衝動によって，侵入されています。

続・思索ノート

1968-1969

1968 年 4 月 16 日

第 1 巻 362 頁[§1]

　非常に印象的な一節。お金と富は非常に重要である，なぜならお金は他のものと交換できるから。このことは，お金の価値を偶然のものにする。私は快適なベッドやカリフォルニアの太陽と空気，本そして興味を引く食べ物やワインを買うことができる。ジュリアンやニコラ，パーセノープのために興味を引く機会を買うことができる。そして，私がワインを飲んでいるときに F. に，食事はしなくていいと言われると，私は怒る——朝食と昼食をとったので。なぜか？　大食——それが私の求めるものを生み出せないことは，知っている。大食は量に関係するだろうか，快楽や名声の量に，それとも質にさえ？

　「私はあなたに言ったことがあります」と X は言う。私に何を言ったと？　私は言われたと思っていたならば，尋ねてはいないだろう。私が尋ねるのは，言われて**いない**と思っているからであり，X に私が伝えていないことがあるからだ。統合失調症患者は，私が知りたくないことを教えてくれる，曖昧な笑顔，お金への愛，時間への貪欲さ，販売技術を。

---

§1　ジョン・ミルトン『キリスト教教義論，聖書のみから編纂されたもの（*A Treatise on Christian Doctrine, Compiled from the Holy Scriptures Alone*）』（1825）を指している。

1968 年 5 月 8 日

友好的な気持ち＝愛は一定のものだが，愛が憎しみに置き換えられるときには？　新しい定式化が，混沌から秩序を引き出すために必要とされる。これは「成長」だろうか，あるいは破局的変化による成長だろうか。別のものではなく，定式の置き換え——破局による変化？

1968 年 5 月 10 日

技法。

なぜ私は，こうもだめな精神分析者なのだろうか。それはいつも意識してきたことだから，年齢だけのことではありえない。だが時には，それは精神分析自体の不備であり私だけのせいではないという疑いがある。しかしこれは，精神分析を心そのものの領域の研究，探検としてではなく，まとまった知識や治療の手順として捉えるという誤った考えに基づいている。

1968 年 5 月 15 日

金融：そのプロテウス的な性質。精神分析的な解釈はどれも満足させない。x の代用物として，より多くのお金に対する貪欲さ。すなわち，x は y の代用物であり，y は O の代用物である。しかし代用物は，人に不満足を思い起こさせるだけで，満足自体は不満足を孕んでいると感じられ，その代替物であると感じられる。

貪欲さ——決して満たされることはない。

1968 年 5 月と 6 月

［14 ページのノートが，（分析）実践に関連した彼の不安や自分が耐え難い状況にいることになる恐怖を論じている——印象として際立つのは，怒り，敵意そして自分自身への不満である。F. B.］

1968 年 7 月 4 日

自分は人にどう見えるだろうかと自分の自己が思い巡らせるに任せることは，時間の無駄であり精神の浪費である。とはいえ，それは精神分析的な解釈に伴うものであると思われる。おそらく，人は仕事中にはそれを行なう——し

かし仕事外ではしない。

　今日私は，私に攻撃されているというXの苦情を，率直でいるようでありたいという欲求と，それは自分に不利に解釈されるだろうから不可能だという感覚としては，確かに解釈した。しかし私は，Xが誘惑されていると感じ，そのために彼が必要としている批判を与えられなかったと感じていることは，解釈**しなかった**。これは，失敗の一例だと思う。だがそれは，私が他人からよりも自分からの方がより良く得られると感じる何か（批判）でもある。しかしながら，これは非常に好意的な受け止め方——自分自身の——を求めることと，区別がつかない。敵意のある批判を無視できるように，好意的ではないか敵意のある環境を求めたいと願うこと。では，どのように分析者として［判断されることが］可能なのだろうか。自己自身によってでも，友人によってでも敵によってでもなく。隠遁者であることでも，うまくいかない。悪い分析を忍容することは非常に難しく，良い分析を要求することは非常に難しい。

1968 年 7 月 20 日

　落胆と拒絶。後者が皮肉として現れる恐れ。成功者ではないことへの憤り，そしてそうなるのに十分な能力がないので，自分は成功者ではないという感情。もしも私が優秀な分析者だったなら！　その想定で面接料を取る度胸のある他の者たちへの羨望。私は，道徳的に優れていることの対価を払う方を好み，それによって自分が科学的に優れていることの対価を避けられると考えている——もちろん，私はそうしていないが。それも恨めしい。これは，生計を立てなければならない単なる一般人であることを恨むのに近い。

　達成の言語は，行動の代用である言語とは区別される必要がある。どちらにもその先駆けがある——行動の代用物である白昼夢と，行動の前触れである白昼夢がある。私の手元には，α要素とβ要素があるが，これらを用いることはできるだろうか。β要素は，述べたことがあるように，ほとんど思考にふさわしくない。私はα要素を，夢などで用いられるCカテゴリー要素の前駆体と見なしている。αはアルファ粒子に似たものとして，β要素は，活性がなく，浸透**せず**，反応を生み出さ**ない**ものとして見なせるのだろうか。「達成の思考」の要素は，α要素であろう。不活性の代用の言語は，α要素を屈折させることができるβ要素（βスクリーン）で構成された言語であろう。（抵抗・安

定・不活性に関係している——夢がなければ，思考はない）。他の分野での達成に関わるときであれ，LA は美的達成の美学法則に従わなければならない——「美しい形，美しい仕上げ」。

[「第 1 巻　第 2 編　第 6 章」[§2]「第 4 巻　425 頁」[§3] とある以外，次の頁は空白である。]

1968 年 7 月 21 日

　要は，「美しい形，美しい仕上げ」のような多くの性質を言葉にはできるが，結果がどう決定されるかは，それを表す動機次第だということである。そしてこれは人を O に導くが，それは決して知られないだろう——「形」すなわち進展ではなく，それが進展するもとのもの——究極的現実である。

　基準としての成長（治癒ではない）。だが癌の成長はどうだろうか。そして，一たび価値の規格を認めると，また輪の中に戻っている。「誰が，何を，どのように」成長は評価されたか——生か？　死か？　問題は，その解決とともに成長する。解決がない，あるいは——十字架の聖ヨハネが言ったように——「魂は今，いわば，その健康を取り戻すために治療を受けている——その健康とは，神そのものである」〔『暗夜』第 16 章 10 節〕。

　成長のための能力の方が良いかもしれない。だが，そのような能力はどう評価されるのだろうか。それは評価されるべきだろうか。これらの持続する問いはそれ自体，成長の証拠であると同時に，疑似成長の存在を示す証拠でもあるという点で，誤謬を自ずと示しているかもしれない——次の問いの，その段階に達するはるか前の早まった定式化。

1968 年 7 月 24 日

　ワシントンは好意的な返事を送っており，料金や条件にもかかわらず（そのために？）非常に歓迎しているように聞こえる。自分にそれだけの価値があるとは，信じ難く思われる。（その価値があるという考えをただ抱くことは重要だ）。

---

§2　ミルトン（1825）。ここでのビオンの考え方に関連するのは，「新しい御霊」から奉仕することが人を「文字による律法」から解放し，「人間の判断の束縛」からある程度の自由を獲得することである。

§3　エペソ人への手紙 IV：15「愛にある真理」の霊によって導かれること。

1968 年 7 月 29 日

　一般に理解されている夢と，私が**移行的夢見**──実際の経験を貯蔵に適した
形に変えること──と呼んでいるものの間にある関係は，どのようなものだろ
うか。私は，（その）患者が夢を見ずには経験を利用できないことは，消化せ
ずに食べ物を利用できないのと同じだと言う。食べ物は，消化されなければな
らない。同じく，経験は経験される**その時に**，「夢見」られなければならない。
では，通常夢と呼ばれるものは，何だろうか。それは，患者が睡眠の経験を夢
見ることの失敗である。彼は，睡眠の経験を「消化」し損なっている。もしも
彼が夢を「覚えている」ならば，それは彼が夢から離れる前に，覚醒しなけれ
ばならないことを意味する。まさに私の精神病的な患者が「夢」を見られる前
に分析に来なければならないように。どちらの場合でも，彼は夢を総合し消化
する過程に耐えられないからであり，それは彼が総合されるもの（すなわち超
自我？）に耐えられないからである。

1968 年 8 月 11 日

　患者の困難を別の仕方で表現すると，彼は夢を見ることができるが，どんな
「良い」夢（すなわち，解釈に役立つもの）であれ，夢作業アルファの破綻の
証拠だということである。どの患者であれ，重要なのは不眠症に悩んでいるか
悩んでいないか──眠るか眠らないかではなく──理由が何であれ，彼がα
をできるのかできないのか，αの能力があるのかないかである。それは彼が，
必要な装置が何であれ必要とされるものを欠いているから，あるいは，あらゆ
る夢の作業が制止されていなければαが行なう，総合の活動を恐れているか
らである。だがその結果，αを恐れて眠れないかもしれず，同じ理由で起きて
いられなくなっているかもしれないからである。と言うのも，私が指摘したよ
うに，αは睡眠中にも覚醒中にも作用するからである。患者は生きていくため
には，眠らなければならず，起きなければならないので，αを破壊するために
は一方から他方へと，急速に振れ動くことができる。

8 月 11 日（続き）

アルファ（α）

　私が今思い至ったのは，数学者はαができる者であり，それには結果が伴

うということである。

　彼は，たとえば，パラノイド-s[84]と抑うつポジション，エディプス状況，原光景その他何でもの中に，本質的な特徴を見ることができる。これらの状況やコンプレックスは，具象的に，ある時点では視覚像の中に見られる。たとえば，ユークリッドの幾何学パターンである。これらは，疑いもなく抽象化された視覚的な線でありうる（同様に，「犬」という言葉も抽象物でありうる）。ゆえに以下のようになる。

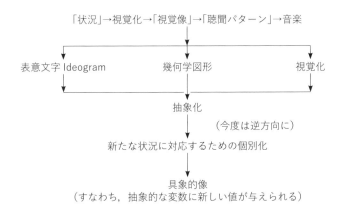

「状況」→視覚化→「視覚像」→「聴聞パターン」→音楽

表意文字 Ideogram　　　　幾何学図形　　　　　　　視覚化

抽象化

（今度は逆方向に）

新たな状況に対応するための個別化

具象的像
（すなわち，抽象的な変数に新しい値が与えられる）

　しかし数学者は，抽象物とその抽象物のための記号を作り出すこともでき，それから抽象物やその記号を，今度は（抽象を作り出すときのように）αの方向を逆にして，**個別**の具象化に置き換えることができる。

　もしも私の考えが正しければ，ユークリッドは「要素」に別れを告げることができる（1.5 エレフガ〔悲惨さからの脱出〕）。つまり「要素」は働き掛けられ，彼の場合は抽象的な視覚像，諸定理に変形され，それからデカルトによってさらに根本的に抽象化され，むしろ投影〔射影〕幾何学の全体系を形成するように彼が作り上げた座標系を用いることによって，それをさらに抽象化して代数学的投影幾何学の体系を形成することができた。このようにして仕上げられた計算法は，すぐに使える状態にある。

　この抽象化の過程がどのように行なわれ，αがそれをどのように生み出すか

───────────────

§4　パラノイド・スキゾイドの略。

という問題はひとまず置いておくとして，生み出された計算法は，表面上は元の抽象化が行なわれた基本的事実（この場合は「要素」）からかけ離れた，あらゆる種類の問題の解決に利用できることが分かる。しかしこの方法は，計算法の変数に置き換えられることになる具象的事実が，互いに相対的な値を持つ問題の解決にしか，おそらく有効ではないだろう。その値は，元の基本事実が他の元の基本事実のそれぞれに対応して持っていた値に似ている。別の言葉で言えば，ニュートンは天文学的空間を探求し，そうしつつ彼の運動法則を仕上げたが，それは既に存在する計算法（あるいは諸計算法）のおかげであり，それは元々，あらゆるものの最初の空間——乳児の乳房の空間，〈両ポジション〉，〈エディプス状況〉，〈原光景〉——の事実から抽象される過程に由来した。以下がそれらである。①基礎のパターン，②抽象物。③計算法，④計算法の再適用。

　するとニュートンのような人は探究する自由を，基本的パターンからの一連の派生物に対して負っている。この同じ基本的パターンは，そのようなデータのみが元の基本的パターンに適合する図式に役立つだろう，とニュートンに見なされる傾向がある点で，自由にも制限を課している。極端な形式ではこのことは，「発見」（たとえば太陽系の起源）がたとえばニュートンの身長を中心とする，粗雑で非常に容易に検出できる情動的問題を天文学的事実に投影した以上のものではないというような，観測された事実の選択性の制限に通じうる。既に存在する計算法の助けによって集められた事実は，運動法則とそれを表現する計算法では十分に表現できないように思われる。

　こうして，H. P.[§5] が述べたような，何らまとまりのない離散した要素から成る状況が新たに生み出される。〈ポジション〉のこの繰り返しに直面して，やはりすべては個人のαの能力に依存する。新しい〈ポジション〉は，αの能力，新しい視覚像，新しい抽象化そしてさらなる計算法に応じて，再び乗り越えられうる。以下続く……。

　ここには，元の基本的パターンの科学的な探求に対するこの価値を信じることの可能性があり，それと同時に，人間の知的探求と問いかけが被らざるをえない限界の性質を示すものがある。

---

§5　アンリ・ポアンカレ。

　彼は全宇宙の中に究極的には，精神的装備の範囲内にあるものしか見ること
ができず，そのことは今度は，α能力を通じていくつかの基本的要素的ポジ
ションやパターンを解明する，彼の能力の範囲内にあるものしか見られないこ
とを意味する。それは，妄想分裂ポジションや抑うつポジション，原光景やエ
ディプス状況のようなものである。そのような数少ない基本的パターンの外側
にあるものはすべて，実は，派生から派生から派生からとn番目にまで向け
られうるα能力のおかげで，把握されることができるに過ぎない。

1968年8月26日

　「治癒」。この言葉には，私が着手したい話題と密接に関係する相当な歴史が
ある……

　そのことを幅広く考えると，この言葉には，ある特定の人たちとある特定の
分野とつながりがあるように思われる。私たちの多くは，この言葉を医学の文
脈で馴染んでいる。英国では，「魂の治癒」という言い回しにおけるように，
宗教活動の特定の領域を描写するものとしてよく使われる。司祭たちは，「治
療的な」意味での魂の治癒の諸側面に積極的に関与してきた——時には今でも
そうである。私が所属していた頃の精神分析業界では，一人のそのような人物
が論争を引き起こしたことを覚えている。

1968年8月30日

　今でも戦争について書きたい思いはあるが，自分の無力症を克服できないよ
うだ。不満や恨みの領域への恐れがあるのだろう。アーサーは，私がアキレス
のように自分のテントの中で拗ねているとよく言っていた。アキレスか，おそ
らく何でもない人だが，何でもない人であるのは好まない。考える人だけが彼
の日々を毒する。誰がそれを，あるいはそんなことを言ったのだったか[86]。

---

§6　ビオンは，キーツの「ヒューペリオン」の中で，女神モネタが詩人を論じていること
　　を半ば思い出している。「夢見る者だけが彼の日々を毒する。／彼のすべての罪に値す
　　るよりも多くの苦悩を背負って」〔全集の注では，'Only the dream venoms all his days'
　　となっているが，原詩は 'Only the dreamer venoms all his days.'〕

1968 年 9 月 7 日

　「治癒」私が論じたい問題は，境界精神病患者の治療におけるいくつかのエピソードを——慎重さの本能において——やや圧縮し歪曲して説明することによって，導入されるかもしれない。私が彼をそう呼ぶのは，彼が統合失調症と認定されて 1 年ほど精神病院に収容されていたにもかかわらず，精神分析の経験は私に，そのような診断への不満を覚えさせたが，他のものを提案することは可能にしなかったからである。

　精神分析は延々と，何週も何年も続いた。患者は自分が良くなったと主張した。その根拠を尋ねられると，彼は字が上達したとか明るいところで瞬きをしなくなったとか主張するのだった。この種のさまざまな項目があったが，そのどれもが正気の人間には，改善という考えを裏付ける証拠を提供しているとは見なし難く，さらに精神分析的解釈を要すると考えられるものばかりだった。

　最終的に，分析は終わった。患者は，それを長引かせるいつもの処置に訴えても無駄だろうと感じているかのように，茫然自失としてどうにもならないようだった。親戚や医療従事者からの連絡は，何もなかった。私の最後の記憶は，暑い日ではなかったのに，玉のような汗をかきながら苦悶の表情を浮かべた彼の顔である。

　私は何の苦もなく，彼が来た日から去った日までの，彼の進歩の完璧に真実で事実の報告をすることができる。試験に合格し，仕事をこなし，結婚生活をうまく維持し，子供たちをもうけ育てた，と。私が言うように，それは事実として正しいだろうが，私が分析で経験した証拠とは，ほぼ全く正反対である。ほぼだが，完全に，ではない。

　事実を復唱していると称する説明はどれも，ほとんど耐え難いほど退屈であり，正しく解釈されていない写真と同じくらい誤解を招きかねないだろう。あるいはそれは解釈されているが，その場合，それが解釈であってその頂点——医学的，精神分析的，クライン派的，などなど反吐が出るほど果てしなく——の影響を受けているという理由から反対される余地がある。それでも，他の何かで置き換えずに「治癒」をなしにするという考えを許容することは困難である。

　被分析者には，自分がその活動に時間とお金を費やすことを正当化する一つあるいは多くの理由があるが，精神分析者も同様に，自分が付き合うことこそ

患者が本当に欲しているものであり，それに対して患者は何時間も何週間も，何カ月も何ポンドも，必要であれば何年間も費やすべきだと示唆している。この言明は，たとえ公然とでなくても，精神分析者によって予備面接の僅かな時間に（少なくとも自分の心の中で密かに）なされなければならない。

　精神分析者と被分析者の間の情動的関係の歴史はその後，（終結されても続けられても）決められた進路の賢明さに対する疑いの念となる。そのつながりが意義深く鋭いものであればあるほど，疑いの念はより強まる。意義が少なければ少ないほど，「おそらく」に近く，疑わしいものは何もない。

　疑う能力，すなわち疑いの念を抱くことができるための条件は，中心的なものとなった。「分析的状況」は，二人の人間どちらもが，疑いや不確実さ，神秘や中途半端な真実を押し殺す方法として確実さを「性急に」[§7] 追い求めることを強いられず，疑いや不確実さを避ける手段として何かを主張するように強いられないような関係を築くことができるものでなければならない。

1968 年 9 月 7 日（続き）

思考作用

　本書の主要な前提は，思考〔thoughts：思考されたもの〕が存在し，思考作用はその思考を扱うために発達させられ，今も発達されつつある機能だということである。このように述べると，この見解は思考が思考の結果または副産物であるという通常の推定に反する。私は，彼の仮説を支持する証拠を引き出しているわけではない。その仮説はここでは，ある演繹体系の前提の一つとして現れ，したがって，探究の装置の一部として扱われ，そのようなものとしての有用性に応じて正当化されたり使用不適と宣告されたりしなければならない。

　思考とは，どのような認識可能な物理的感覚刺激からも独立している可能性がある情動的経験である。万一ある人が他の人から物理的暴力で脅かされたなら，その人は情動的経験をしていて，なぜ自分が恐れるか怒るか，あるいは何

---

§7　キーツの「負 の 能 力」〔モガティブ・ケイバビリティ〕への言及。「私はディルクと，さまざまな主題について討論というより論考を行ないました。いくつかの事柄が私の心の中でつながり，そして同時に，特に〈文学〉では，どのような質が〈達成の人〉を形成するようになるのかが浮かんできました。それはシェイクスピアが途方もなく備えていたものです——私が言っているのは，〈負の能力〉のことです，つまり，人が事実と理由を性急に追い求めることなく，不確実さ・謎・疑惑の中に留まることができることです」(Keats, 1817)。

であれ実際に感じるのかが分かると感じることができるだろうと推定される。（だが）情動的な経験をしていても，自分がなぜその経験をしているか分からない類の患者がいる。それは，その情動的経験を今私が想像したばかりのようなエピソードと関連づけられず，感情を喚起したり思考自体の存在をまさに認識したりできるようにさせる思考にある性質を認識できないために，他のどんなものとも関連づけられないからである。

　そのような患者は，まさにこの現象こそ，私がどんな認識可能な物理的感覚刺激からも独立した情動的経験として記述していることを認識できない。私は，認識可能な身体的感覚刺激に依存（している）か，少なくともそれに関連した思考の存在を否認したくはなく，思考がそのように依存する必要がないことを強調したい。

9月（日付なし）
さまざまな機能の理論

　序論——面接室での精神病理学的理論の適用について。非常に重要な部分は，本論文の主題にとって副次的である。

　日常的によく使われる言い回し，「いかにも何々な」「チャーチルのような」——は，パーソナリティの**機能**を意味する。さまざまな**因子**が組み合わさり，その特徴が生まれる。

　私はここから，〈機能〉と〈因子〉を抽出することを提案する。機能の例として，患者が分析者と確立した関係を取り上げることを提案する。私はこれを，それへの名前として〈結合〉という用語を使って抽象することにする。私は，三つの結合のみが存在すると考えることにする。〈愛する〉，〈憎む〉，〈知る〉——最後の用語によって，「知りつつある」に似た何かを意味する。私はこれらの用語を，さらなる抽象物，L，H，Kによって一緒に置き換えることにする。

計画

　セッション自体で抽象物やモデルなどを用いることに関して言えば，学生たちが自分はごく僅かしか知らないと考えることを，私は指摘しなければならない。これは正しいが，それよりもはるかに重要な，以下の点を不明瞭にする。

1. 学生の分析は，情報を与えることが主ではなく，彼の観察能力を妨げるものを取り除くことであること。
2. 学生は，自分に適するよりも多過ぎる精神分析の諸理論を知っていること。
3. 学生は，可能な限り少ない数の基本的諸理論を選び出すべきであり，それらは一緒になって，最大数のモデルを構築してそこから最大数の解釈を可能にするだろう。これはモデルの柔軟性を生み出すために学ぶことに関する，基本的な重要点である。

1968 年 10 月 5 日

β の塊として使われる良心は，ミサイルとして用いられうる。道徳的見地（SE[§8]）を貪欲にむさぼり，それを β の塊に変えてしまう。

1968 年 10 月 6 日

良い親のしつけを軽蔑することで生まれる悪い超自我——普通の親の禁止に憤慨した言葉として「親は私がしたいことをするのを，**いつも**止める！」。これは，良い超自我が噛み砕かれて糞の塊になることを意味する——こうして，軽蔑された糞状の超自我のようなものが生み出され，その大きな塊が弾薬として使われる。それが通常の**神経症的な**軽蔑と異なるのは，後者が親に影響を与えることに関係しているのに対して，前者は万能的な投影同一化である点である。

1968 年 10 月 27 日

支配的な感情は，恐怖・恨み・怒り・頑固さ・無精・「面倒くさい」・嫉妬・羨望・恨み・不機嫌・無礼さ——テントの中で拗ねるアキレス——　のどれかである。だが外に出られないことは，あらゆる年代で目立つことで，全く歓迎されない。どの状態にも，歓迎されない特徴がある。そしてすべてにおいて，人は羨望の餌食である。

---

§ 8　超自我の略。

1968 年 11 月 3 日

陽性治療反応と陰性治療反応は，本質的には同じものである。それらは，精神分析から注意を逸らそうとする治療反応である。分析を受けることの目標として「治癒」を主張することと同じく，それらは続けることあるいは止めることの目標である。それらは「覆い」であり合理化である——「理性」が「奴隷としての」役割で作動している……何の？　情念あるいは憎しみや疑いのような未知の何か？

ある集会への出席者の少ないことが嘆かれるとき，苦情を言っている人が責任者であったなら，結果はどれほど良くなっていたことかが説明され，その人が欠席者の一人であるとき，彼の欠席理由がどれほど良かったかが説明される。これらは「治療的な」説明であり，決断の外傷を癒す。そして決断は，「達成」か思考を行動に変形することか（行動の代用としての思考か，行動の序曲としての思考か）の必須条件である。

1968 年 11 月 16 日 [§9]

A. 序論

理論と解釈の間の溝は，どう埋められるべきか。

1. B. 精神分析的な理論装置。できるだけ少なく，多くても 6 個程度とする。

   例：エディプス

   転移

   幼児性愛

   快原理と現実原理

   妄想分裂ポジションと抑うつポジション

   投影同一化

   C. 分析者と患者の関係は，マイナス LHK のカテゴリーに制限される。

   D. 実践の理論

   そして諸因子

---

§9　この大要は，『経験から学ぶこと』の改訂版か，その著作に基づいた講演のためのものに見える。

2. { E.　この論文は，K についてである

F.　二重の接近方法──K[α-F]§10 における破綻を探究するためこれを使用し，それによって正常な K に光を当てる

3. 今度は，私はこれらの理論を用いて，K における破綻を探究する。注意：私は，詳細な臨床記述に立ち入ることは**しない**。私はその素材を後で，精神分析的観点から十分に討論するために用いたい。ここでは私は，正常な K を例証するために，それを K における破綻として用いる。

4. まず私は，いくつかの精神活動を記述する必要がある。たとえば，注意・象徴形成など──何だか分からないもの。それらは既に大量に記述されており，特に挙げれば，①「精神機能の二原理」[1911b]，②意識を心的性質の知覚のための感覚器官とするフロイトの見解，③クラインの分裂と投影同一化・妄想分裂ポジションと抑うつポジション，④シーガル・ライクロフト・クラインによる象徴形成。私は共同で作用しているさまざまな機制の機能を探究したいので，また，他にどのような機制が関与しているか分からないので，棚上げにされたままにするよりむしろ，私の機能についての理論を利用して，既知のものも未知のものもすべてを，α-F の因子と呼ぶことを提案する。

5. (a) α-F が働くのは

　　　　(i)　感覚　印象的な

　　　　(ii)　感情と情動に

　　　アルファ要素を生み出す

　　(b) アルファ要素は

　　　　(i)　貯蔵可能で

　　　　(ii)　夢思考で用いられる

　　(c) α-F が乱されると，感覚印象および感情と情動の感覚印象は変わらないままになる

　　(d) ベータ要素

　　　　(i)　夢の中では使用できない

---

§10　これらの覚え書きでは，アルファ機能の略。

　　(ii)　投影同一化のためのみ

　　(iii)　心から刺激の蓄積を取り除く

〔注意〕臨床的に，記憶と未消化の思考——ベータ要素——を区別するこ
　　　　と

6. Kにおける破綻。

　(a)　α-F が働かなければ，夢思考は存在せず，患者は夢を見ることができ
　　　ず，**その結果**，目覚めることも眠ることもできない。これは面接室で
　　　見られる。

　(b)　私は自分の論点を強調するために，「人が悪夢を見るのは，消化不良
　　　があるためであり，その結果パニック状態で目覚める」という民間伝
　　　承[§11] で言われていることを書き換えてみる。
　　　　私の書き換えでは：その人はパニックになっていて，アルファ機能の
　　　破綻のために，悪夢を見ることができない。その結果，彼はそれ以
　　　来，精神的な消化不良を起こすようになっている。

　(c)　眠ることも覚めることもできないという，より広い文脈。
　　　　無意識の覚醒思考を可能にできない。
　　　　そのため，経験から学ぶことができない。例：歩行を学ぶこと。

　(d)　自分自身の情動の経験から学ぶことができない——精神分析にとって
　　　のこのことの重大さ。

　(e)　悪いものを締め出せないこと，したがって差別する能力は存在せず，
　　　思考作用（つまり，思考を用いて行なうこと）もそれに応じて損なわ

---

§11　これは，ビオンが『経験から学ぶこと』(1962) 第3章と第4章で書いた「民間伝承
　　で言われていること」に近い。「アルファ機能は，情動的経験の感覚印象を意識的思考
　　そして夢思考に利用できるようにするので，夢見ることができない患者は，眠りにつく
　　ことも目覚めることもできない。その結果，精神病的な患者がまさにこの状態にいるか
　　のように振る舞うとき，この奇妙な状態が臨床的に見られる」（第4巻，275頁）〔邦訳
　　19頁〕。「情動的経験を，睡眠中に生じるものとしてだけでなく，一般的に考察しなけ
　　ればならない。私はこれまで私が述べたことを，悪夢についての通俗的理論を書き直す
　　ことによって強調することにする。かつて悪夢を見るのは，その人が消化不良を起こし
　　ているからであり，それでパニックを起こして目が覚めると言われてきた。私流に言い
　　換えよう。「睡眠している患者が恐慌に襲われるのは，悪夢を見ることができないので，
　　目を覚ますことも眠りに就くこともできないからである。そして彼は今までずっと，心
　　的な消化不良を起こしているのである」（第4巻，276頁）。

れている。現実との接触ができず，単独の感覚刺激を意識しないでいることができない。

（f）目覚めている代わりに，患者は躁状態を達成することしかできない。眠っている代わりに，昏迷状態に。この二つの中間：焦燥したメランコリー，迫害性躁状態，メランコリーとうつ病性昏迷。

7. アルファ幕の使用＝接触防壁：現実との接触が空想によって圧倒されることを防ぐ**とともに**，空想が現実感覚によって圧倒されるのを防ぐため。

8. アルファ幕は，「意識的」見解が「無意識的」見解によって圧倒されることから，そしてその逆が起こることから保護する。アルファ機能は，**情動的**経験を変換している。

9. 思考。フロイトの思考作用論（『二原理』）。
「思考は鬱陶しい」
思考は，論理的・認識論的に，思考作用に先立つ。

10. 夢想の重要性
分析者にとっての重要性，なぜなら彼は，こうして「思考」を作り出すからである。

11. 「思考」は，ひとたび作られると，どうされることになるものなのか。
（a）L，H，W，K　機能を選択する
「諸因子」を解明する
それが「鍵」-「値」を設定する。
（b）〈選択された事実〉とポアンカレの『科学と方法』30頁。
（c）定式。

12. 抽象化の危険性
「象徴の意味の巧妙な操作」になる。
これは背景を参照することで修正される。

13. フロイトの反射装置。

14. モデル。
具象性を取り戻す。

15. モデルの危険性とつねに警戒する必要性，たとえば「結合」における潜在的モデルや隠喩。

16. したがって，抽象的であること（上記12参照）と〈科学的演繹体系〉が

必要である。

17. 諸理論の〈精選〉［19. 結論以下を参照］。

18. 〈解釈〉を生み出すための，理論（T, n が 6 未満の Tn）と比較されたモデル。

19. 結論

   （a）機能の理論の利点

   （b）モデルの利点——過剰な抽象化を避ける。

       ——理論の過剰な産出を避ける

   （c）〈精選〉の利点——分析者の武具を示す

   （d）〈抽象的表記法〉の利点——診断を示す

       ——分析者の技法の低下を表す。

［日付なし——おそらく 1968 年 11 月 17 日］
理論の精選

（a）なぜ数を制限するのか。なぜなら，精神分析者は観察に従事する（彼はそうしているべきだが）際，他の活動の範囲を制限するからである。同様に，彼は〈理論〉に集中するならば，観察の範囲を限定する。利用できる理論の数と質が十分ならば，今起きていることから注意を逸らされずに，正しい理論かそれと大差ないに等しい理論の入手を望むことができる。

（b）数：理論が少な過ぎる，たとえばエディプスただ一つとすると——セッションであまりにも多くの時間が，演繹的階層の中の仮説がモデルや現実化を表すと見なされうる点に到達するまでにかかるか，かかることになるだろう——それはすなわち，理論が十分に個別化されて，それと現実化との関連性が明確になる点である。

（c）反対に理論の数が多過ぎると，多量の仮説の中を探し回ることに多くの注意が逸らされ，それらの仮説は個別化され過ぎているので適用可能性や妥当性を確認できる前に，一般化されなければならない。そしてその間に，観察のための貴重な機会が失われていく。T から…… Tn へ，ここで n は 0 超 6 未満の任意の数で，人によって異なる。

（d）質：理論を，変化と発展と論理的拡張ができるようにするものを意味する。するとそれは，①論理的な分析に耐えられなければならず，より重要

なことは，②改訂を，よって交替を受け入れる余地があり，③演繹的論理
による拡張を受け入れなければならない。それらは広い範囲をカバーする
のに十分なほど，つまり，数多くの仮説に対して前提を提供するほど，諸
理論の階層において高くなければならない——選択された基本的諸理論の
他の部分と合わせて考えるならば。

(e) 理論の個人的な手引きの選別と編成は，それ自体が貴重な演習であり，分
析者が自分自身から距離を置き，2本の座標軸によって同定される空間の
どの点に自分がいるのかを見られるようにする。軸の一つはその人の精神
分析的思考の主要部分であり，もう一つは自分自身の変化していく見地の
線である。分析者は自分の手引きをノートとして用いることで，これを行
なうことができる。

(f) メモを取る際，手引きは，セッションを素早く記録するために私的な表記
法を用いることを可能にする。たとえば，$(T_1 + \alpha\text{-}F. + L)$ や $(T_1 + T_3)$。こ
の記録を精査すると，三つの代わりの模様（f, g, h）を得ることができ
る。

(g) どの精神分析理論が分析者に価値を生み，どれが放棄されつつあるかを示
す情報。これは明らかに，分析的思考の本体によって提供される軸の記録
である。

(h) 分析者の武具，よって分析者自身にある何らかの変化があったことを示す
情報。それはプラスかマイナスである。

(i) 診断関連。そのような形式的な表記法のパターンはやがて，分析者が自分
の表記法の中で繰り返し現れる項目を精査した後で，診断的分類体系を精
緻化するための助けとなりうる。それはいずれにせよ，分析者が積み重ね
てきた類の実践の証拠となるだろう。

(j) そのような手引きは，もしも分析者がそれを社会〔所属団体〕に遺したい
と望んだならば，精神分析的な思考と実践の発展の歴史を理解するための
貴重な助けとなるかもしれない。

1968 年 11 月 29 日

精神分析的な作業の合理的な効率に満足するのは，いかに不可能なことか。
これは，精神分析的欲望の表出としての「有効化」の例ではないのだろうか。

なぜ，ただ自分の仕事に取りかかり，その結果に耐えないのだろうか。

　Ｘの場合，その結果は非常に深刻かもしれない。

　向きの重要性が，改めて私に明らかになった。「私は家に帰ります」は，「私は家に帰ります」とも「私は家に帰ります」とも違うし，「私は行っている」は「私は行っている」とも違う。

I am going home' or 'I am going home'; or 'I am going' as 'I am going'.

1968 年 12 月 7 日

　離婚は遠心的である：発散

　結婚は

　　求心的である：収斂

　これは力動的な振動を示唆する——膨張：収縮。

　妄想分裂ポジションと抑うつポジションは，思考の領域のある部分，すなわち誰かや何かが思考することを待っている思考に対応する，思考者が存在する部分に関連している。思考する者は，目や電波望遠鏡が特定の範囲の電磁波に感応するように，思考の波長に感応する対象に喩えられるかもしれない。このような思考者は，受信する装置の感度に比べて強力過ぎる思考によって，侵襲される可能性がある。ところでその思考は，応える思考者とは釣り合わないかもしれない。

　人間は，他の人間と似ているにもかかわらず，感受性が過剰か過小で，思考を思考するのに十分な装置を持っていないかもしれない。人間はそのような思考に通常，宗教的畏怖として彼に知られた，受肉・神格の進展・プラトンの原型・クリシュナ・神秘的経験・霊感の類としてさまざまに表現されたものを媒介として気づく。こうして，受け取られた思考や進展した思考が発出される源は，外的な，神から与えられた，特定の人や機会，文章，本，絵画，常時直接に気づくことに由来するものとして感じられる。思考と思考者の運命は，私がすでに♂か，その何らかの異形に特有のものとして示した経路の一つを辿ることになる。状況によっては，その衝撃は光り輝き，成長を生み出し，個々の思考者は発するものあるいは間歇的になる。そして私が既に論じたように，救世主的な考え，神秘論者などの観点から連鎖反応が起きる。問題は，人が♀♂と

いうモデルを，特定の例のいくつかの集合を際立たせる布置のためのモデルと見なすのか，それとも単に，無意味で支離滅裂な無関係の現象に気を留め，首尾一貫した意味のあるパターンに見せかけるための仕方なのか，ということである[§12]。どちらであるのかは，実際に問題だろうか。事実は，このパターンに自ずと整うのだろうか。それとも，自分が観察する事実の中に，これや類似のパターンを識別する必要があると思うのは，個人の特質なのだろうか。

すると有効化への渇望は，真実の〈守護者〉を権威的に授与するように見える微視的あるいは巨視的な装置によって，発するものを神や宇宙・人・意識・無意識の中に限定したい願望なのかもしれない。

1969 年 1 月 2 日

理性は原初，情念の奴隷として始まり，それから洗練されて，何か非常に異なる目的のために使用できるようになる。数学も同じように，原初は情念——たとえば独占欲——の奴隷として始まり，それからかなり異なる領域での使用のために洗練されるのだろうか。父という観念も同じである。原始的な神が合理化され，洗練され，理性の領域で用いられるようになったのだろうか［ペイトン『定言命法（*Categorical Imperative*）』pp. 188-196 参照］。数学的言明は私には（$5+2=7$），心はそれが違うように考えられると証明されるまで，違うようには考えられないという信念に，関連しているように思われる。道徳的判断は，感覚的経験に基づいているかもしれない。善＝快い。悪＝苦痛に満ちている。逆に言えば，苦痛に満ちている＝道徳的に悪であり，快い＝道徳的に善である。それから洗練が進む。なぜか？　それらを，より一般的に適用できるようにするため——いくつかの場合をその単なる個別例とする，基底にある集団を見出すためである。

1969 年 1 月 4 日

クライン夫人を知っているので，私は彼女がコマドリの解釈を十分に支持する証拠を持っていなかったと推定したくない[§13]。他方，彼女が定式化してい

---

§12　後に Britton and Steiner (1994) は，〈選択された事実〉と〈過大評価された観念〉の間の区別へと推敲している。

§13　クライン（1961）『児童分析の記録』。

る証拠の定式に満足することは，不可能である。彼女は，「コマドリが彼の性器を表すとき」と言っている。これは今や確立された事実であり，彼女の心の中ではそうだと，私は確信している。カントが言うように（『批判（*Critique*）』B7, p. 46），私たちはいかなる構造物もその上に築かれる基礎について，自分で確かめるべきである。どうやって？

　原因を求めることと同じほど空しいだろうか？　犯罪者？　神秘論者？　救世主的考え？「呪い」？　観念はどのように広まるのか？　寄生？　共生？　共同体主義？　暴力 – 殺人と強盗？　相互感染 – 暴力的な容器は，包容される対象によって破壊される？

　この文脈での精神分析についての主たる要点は，どんな観念であれその歴史を辿るのは困難なことを実証していることであり，特に所有権が重要だと考えられているならばそうである。ソロモンの判断は，所有者とはその観念に対して責任を持つ苦しみという対価を支払う覚悟のある者，あるいは本当に支払う者であるという観念に基づく。観念やそれに対する「責任」には，神聖なものはないように見える。「観念」は，それ自体が現実化を表す言葉のように思われる。

1969 年 1 月 8 日

　線と平面，内容と容器の間の類比をうまく呼び起こすことができない。♀♂が隠蔽のために用いられうることは，明らかである。同様に，平面が何かを覆い隠したり，線が何かを貫いたりすることができる。

1969 年 1 月 13 日

　ハクスリーによるヘイドンの自伝への序文[§14]を読んだところだ。批判は私自身についてのように感じられ，それに伴って直ちに批判を否認する――まさに，直ちに行なわれる，批判に先手を打つとも言える反論である。誰が何と言うにせよそれとは逆に，自己批判はいかに不可能なことか。私が得られる唯一

[§14]　ベンジャミン・ロバート・ヘイドン（1786-1846）。ハクスリーは，ヘイドンの真の才能はロマン派小説家としてのものだったが，彼はその創造的エネルギーを絵画に浪費してしまったと主張した。「優れた本を作ることができたかもしれないのに，馬鹿げた絵を描いて人生を浪費した，生まれながらの作家」（Huxley, 1926）。

の安心感は，——それに何の価値があるしても——私は自分が精神分析に専念するのが好きだという感情である。ヘイドンには能力があったようだ。人が苦しむのは過剰な批評にではなく，批評の欠如，批評の質の欠如にである。

1969 年 1 月 23 日

覚え書きは，いつものようにほぼ意に満たないものだが，それでも時折使い道がある。視覚像は，感覚的な源を持つ言い方にふさわしく，非常に効果的である……。

1969 年 1 月 28 日

私は自分の道が見えないという深い無気力感がある——そして私は自分の道が見えないとき，あたかも見えるかのように，あるいは自分には見えると安心させる空想を実体化するように振る舞う気質ではない。**私は知らないし，他の誰もがそうである。**それは馬鹿々々しいほどまさに単純だ——複雑にしたいと思わなければ。することがないときは——するな！

1969 年 4 月 4 日

私はしばしば，思考の流れや思考する衝動を放棄して，何か些細な気分転換，何か外側の刺激と言えるなら，気を逸らすものへと，さ迷わずにはいられない。人は**引かれる**のではない——それは「牽引 -traction」ではない。**押し流される**や**追い**やられるが，もっと近いだろう。それはほとんど局所論的である。それは知的な領域からではなく，ギリシア語のフレナス，胸と腰の間が近いだろう。「横隔膜」は，意識と無意識の間の分割の絵画的表現だろうか。線の下と上。分割は，男性と女性の間にもできるだろう。女性＝横隔膜下，直観的，情動的，内臓的，そして男性＝胸部，知的。根本的な困難は，○と公的表象の間の溝にあるように思われる。〔アルファベット文字の〕「猫」は，象形文字が猫に見えるようには，猫に見えない。漢字でさえ，推定上どれほど空想力豊かに類似が想定されても。

1969 年 4 月 5 日

これはスキゾイド的な，すでに確立されたアルファベットについてのすでに

確立された見方であり，続いてそれは抑うつ的な（全体対象の）見方に変形されるように思われる。言葉は全体として見たり読んだりできるが，そのように形成されていると信じるのは困難である。主語〔主体〕はそれ自体，形のない空虚である§15。それは視覚像や雑音，ことによると音楽のパターンへと進展するだろう。筋肉のパターン——ダンスの動き，バリ島の目の踊りのパターン，舌‐どもりの動き。起きているときの，夢を作る精神の破片。おそらく「目覚めている」ことは精神の破片から作られており，単にそこから合理化して「私は夢を見た」と言うことができる状態に過ぎない。

葛藤のある諸要素を表すように見える，いくつかの対は，こう定式化することができる。〈愛情〉と〈憎悪〉，意識的と無意識的，情動と知的能力。この対にすることが，根底にある葛藤の感覚以上の意味を持つかどうかは，私には疑わしい。葛藤という意義作用以外のあらゆる意義を無視するのは，便宜上である。情動には思考を抑える力があるように見え，逆もまた然りである。その経験は苦痛に満ちていて失敗であり，「記憶され」「忘れられて」いるように見える——フロイトが抑圧された記憶と叙述したものである。これは精神生活の苦痛の，一例に過ぎない。それは，苦痛を苦痛の気づきと結び付ける機能によって苦痛に満ちていることそのもののようであり，ほとんどすべての（稀なものを除いて）事例において，欠陥があって不十分なその作用によって，ほとんどすべて（最も稀なものを除いて）の例で，苦痛に満ちているようである。

それは行動の代わり，行為の前触れ，過去の行為の意識を消し去るための道具でありうる。

感覚的な苦痛を瞬時に回避することは，理想に対するモデルを提供する。フロイトは，思考作用の発達から生まれる利点を，現実原理の開始の一側面として指摘したが，先見の代償は……

1969年4月6日

もしも痛みを回避することが適切な反応だったならば，それ以上のことはな

---

§15　ミルトン『光（Light）』12行目「……あるいは，汝はむしろ純粋な幽玄の流れを聞くのか，／誰の泉が，誰が語ろうか，太陽の前で／天の前にいた汝は，神の声によって，／マントで覆われたように，／暗く深い海からせり上がる世界が／空虚で形なき無限から勝ち取られる。〔『変形』第12章でも引用〕

いだろう。いつものように，解決法が適切であっても，「それ以上の何か」はある。貪欲さは，「それ以上の何か」の推移に寄与するに違いない。おそらくそれは，精神的苦痛の一部である。精神的な苦痛は感覚的な苦痛と違って，それの場所を十分に特定できないので，問題を引き起こす。その強さは，既知の頂点に応じたそれの重要性に比例するとは限らない。

1969 年 4 月 10 日

　料金を上げる（患者たちを集める）ことへの没頭，面接を設定しないこと，そしてそうしないことと，私の面接期間外に休暇に出かけたので来なかった面接の料金を請求しないこと。お金への渇望を公然と認めることへの恐れ，責任を受け入れずにお金を得ることへの不安，自分を卑劣で貪欲であるという非難に晒すこと，そして要するに，お金は欲しいがそのために支払わなければならない代価は欲しくないということ。私は代価を払いたくない。私はお金をたくさん稼ぎたい，「超俗的」で寛大で利他的で「他の男たち」とは違う，禁欲的だという評判を得たい。

　フランチェスカは，節制することで喜びや幸福感を得ると言う。私は，精神的にも肉体的にも彼女の言う通りだと思う。私は努力するが，彼女が成功していることを，永久に失敗する。私はその失敗を恨む。貪欲さの露呈である。私は彼女の甘やかしを当てにして，実際にそれを一種の権利として主張する——まるで私には不満を抱く資格があるかのように，彼女の現実感覚と私自身の現実感覚が，真実の自覚を排除することはありえないから。だから，ズルをしている。代価のない親密な生活の，あれほどの利点。

1969 年 4 月 11 日

　グリッドは，コミュニケーションに加えて何に使えるだろうか。グリッドが使われている用途は，手始めとしては有用に聞こえる。それに対して「定義」が必要である。おそらく「拘束」という用語が，もっと良く当てはまるだろう。

　「定義的仮説」は，また別の用語である（第一行）。

　上記と関連しているのは，除外の行為である。結合された，あるいは結合されたと見なされる要素を狭く制限することは，主題と目的の必要性に沿って，場を「管理できる」程度に制限することでありうる。同様に，観察者を情動の

激変から保護する必要性に関係するかもしれない。後者の「使用法」は，ψの乱流／動揺に関係がある。実際，第一行定義的仮説，拘束など……は，除外と包含を伴う。見たところは，しかし実は？

　上記と関連するのは，「進展」の問題である。もしも常時連接が「進展」の一部であるならば，包含と除外についての問いは生まれない。しかしそれは起こる。〈包含〉と〈除外〉は探究活動の一部である（第三行？　第四行？　何か？）。これまで，それは制限に限定された第二行だった。そして，比較的洗練された活動に制限さていれた──分類自体，洗練されている。

1969 年 5 月 17 日

　問題は，線から面への，そして両者から容器への精神病転移だった。

　貫通，深さ，混同＝**線**。広さ，浅さ，感受性，無差別＝面。

1969 年 5 月 24 日

　ユークリッド幾何学では，「二つの矛盾する論理的な言明は同時に真であることはできない」というユークリッドの言明あるいは公理に一致するモデルを，空間に見出しうる。この公理──論理的に両立しえない文が，同時に真であることはできない［たとえば，ある物は**ある**（実在する）かつ**ない**（実在しない）ことはできない］──は，心の領域ではどのモデルにも一致しえない。

　「論理的に矛盾する二つの文は，同時に真でありうる」という言明は，精神病（あるいは非論理）の領域では一致し**うる**。

1969 年 6 月 28 日

　私は X が分析を受ける余裕がないのは，真実に伴う恐ろしい代償のためであると思う。それは確かに，私が尻込みする代価である。あるいは，私は真実を語ることの恐るべき代償と必要となる努力そして勇気に尻込みする。最後の点である勇気には，いつも驚かされる。表面的には，これほど簡単なことはないように思われる。実際には，人が自分は真実を知っていると思うときでさえ，私はそれを口にしない。コルマン[§16]はデイヴィスのことを，自分の知っ

---

§16　ビショップ・ストートフォード・カレッジの校長。

ている唯一の，あたかも嘘をついた方が賢明でないかどうかを注意深く考える必要がないかのように，自発的に真実を語るウェールズ人だと言っている。人はどのようにして，他人についての意見を持つことができるのだろうか。

1969 年 8 月 24 日

アマースト（集団カンファレンス）

この日は，トラブルメーカーと見なされることに嫌気がさし，特に S によってこのような理由から攻撃を受けたことに，嫌気がさした。苦痛の種は，いつものように，行動や他のいかなる方法によっても，そのような行為に反論したり，そのような非難から自分を守ったりするのは不可能だと感じることに関連している——ノースフィールド，タヴィストック，会長時代。罪悪感は，特権を切望することにも，人が負債か資産の**どちらか**であることによって目立つという代価を確かに払いたがるのを知っていることにもある。

付録

付録 A

私たちの人生の日々

フランチェスカ・ビオン

「私たちの人生の日々」は，フランチェスカ・ビオンが 1994 年 4 月に
カナダのトロントとモントリオールで発表した式辞である。初出は
『メラニー・クラインと対象関係』第 13 巻第 1 号，1995 年。

　人間の行動と心の分野で独創的な思考をした人たちの仕事を研究する前に，
彼らのパーソナリティにはどのような影響と経験が寄与したのか，特に彼ら自
身の目にはそれがどう映るのかを知ることは，確かに価値のあることでしょ
う。幸い私たちには，ビオン自身による最初の 50 年間についての印象の記録
が，『長い週末 (*The Long Week-End*)』と『我が罪を唱えさせよ (*All My Sins
Remembered*)』にあります。それほど幸いではないのは，私たちには救いのな
い陰鬱さと彼の自己嫌悪の印象が残されていることです。そこで私は，その後
の 30 年間に彼が家族に宛てて書いた手紙の中から選んだものを出版すること
によって，よりバランスのとれた見え方を提示しようとしました。それには，
『天才の別の側面 (*The Other Side of Genius*)』という題を付けました。これら
の本を読んでいない方々には，簡単な経歴を紹介することが，背景説明の一番
の仕方でしょう。

　ウィルフレッド・ビオンは，1897 年にインド北西部連合州のマトゥラーで
生まれました。彼の父は，灌漑技師でした。彼には 3 歳年下の妹が 1 人いま
した。8 歳で彼は英国の学校に送られ，愛するインドに戻ることはありません
でした。彼のプレップスクールでの生活は，不幸なものでした。8 歳の子供に
は，何か理解し難い悲惨な展開によって親も家も太陽の光も奪われ，たちの悪
い少年たちが住み，もっとたちの悪い気候に呪われた異国の地に放り出された

ように思えたに違いありません。彼が母親と再会したのは，3 年以上経ってからのことです——そしてそのとき一瞬彼は，母親のことが分かりませんでした。高等科に入学する頃には彼はうまく順応して，「敵」の仲間入りをし，その後の 5 年間を楽しみました。彼はいつも，自分を救ってくれたのは身体が大きくて，体力と運動能力があったことだ，と言っていました。

　1915 年，18 歳の誕生日の直前に彼は学校を卒業して，1916 年に王立戦車連隊に入隊しました。彼はフランスに配属され，戦争の終わりまで戦地で勤務しました。彼は DSO（殊勲賞），レジオン・ドヌール（シュヴァリエ）を授与され，前線からの特報で特別勲功者として表彰されています。『王立戦車連隊史』の 1917 年 11 月のカンブレーの戦いの章には，次のように書かれています。

　　戦車兵の中には「下車」して戦い続けた者もいた。その際立った例はビオン中尉で，彼は自分の戦車が破壊されたとき，乗員と何人かのはぐれた歩兵とともにドイツの塹壕の中に前進基地を築き，ルイス銃を持って自分の戦車に戻り，その屋根に登って相手の機関銃をよく狙えるようにした。ドイツ軍の反撃が激しくなると，彼は弾薬がなくなるまで食い止め，シーフォースの部隊が到着するまで，放棄されていたドイツ軍の機関銃を使用して戦い続けた。その司令官はすぐに頭を撃ち抜かれ，ビオンは一時的にその中隊を引き継いだ。彼は VC（ヴィクトリア十字勲章）の候補となり，DSO を授与された。　　　　　　　　　　　[Liddell Hart, 1959, p. 143, fn. 2]

　1918 年末に復員すると，彼はオックスフォードのクィーンズ・カレッジで歴史学を学びました。学校から大学に入る大学生に比べると，彼や他の人たちは「老兵」であり，精神状態は乱れていたに違いありません。

　それでも，オックスフォードでの数年間は彼が生涯忘れられない思い出でした。特に，彼は一流のスポーツ選手だったからです（オックスフォード・ハーレクインズでラグビーをプレーし，水球チームのキャプテンを務めました）。また，哲学者のペイトンとの会話も忘れられず，哲学を勉強しなかったことを悔やんでいました。

　オックスフォードを卒業するとき，彼は一級の優等学位がとれず——最近の

戦闘による過労のためとされました——講師たちを失望させました。それから
2 年間，彼は教職を試み，その後，ロンドンのユニバーシティ・カレッジ病院
で医学の勉強を始めました。既に彼は，自分が「精神分析」という奇妙で新し
い学問に主に興味を持っていることを知っていましたが，最初の面接では賢明
にも，このことは明かしませんでした。代わりにオックスフォードでのスポー
ツでの成功を述べると，なんと！　入学許可が下りたのでした。

　オックスフォード大学時代と同じく，1924 年から 1930 年にかけてのこの
時期の記憶は鮮明で，長く残るものでした。彼は特にウィルフレッド・トロッ
ターに感銘を受け，賞賛しました。トロッターは優れた脳外科医であっただけで
なく，『平和と戦争における群衆本能（*Instincts of the Herd in Peace and War*）』
を著しました。この本は，集団行動についてのビオンの関心と生まれつつある
理論に，重要な影響を与えることになりました。それが最初に出版されたのは
1916 年，第一次世界大戦の惨状が，国家や軍隊の指導者たちの一様にひどい
愚かさを露呈させていた頃のことです。

　ビオンはこの本を一冊も持っていませんでした。1930 年代初頭のロンドン
空襲で失った本の一冊かもしれませんし，1950 年代には絶版になっていまし
た。そのため私は数年前までそれを読むことができませんでしたが，偶然オッ
クスフォードの古書店で，20 ペンスで売られているのを見つけました——掘
り出し物のよい例です。

　トロッターは，後のビオンの見解を強く思い起こさせる観察をしています。
彼は，人間の「新しい考えに対する抵抗，伝統や前例への服従」について，
「統治権が，経験に鈍感で新しい考えが入るのを拒み，現状での満足に固執す
る人たちの集まりの手に渡りがちなこと」，「われわれが思考のひどい苦しみに
耐える以外なら何でもするのを厭わないこと」について語っています。当時 2
年目だった戦争については，彼はこう書いています。「西洋文明は最近，知識
人を社会の全体的な運営から排除した結果，1 千万人もの最良の命を失った
……この恐ろしい教訓は，人間が……猿の無責任な破壊性にまで沈下すること
が，いかに容易であるかを明白にした」。そしてその 20 年後，「人間」はまた
もやそのような行動に出たのです。

　医学の資格を得た後，ビオンはタヴィストック・クリニックで 7 年間のサ
イコセラピーの訓練を受けましたが，彼はそれを振り返って，価値が非常に疑

わしかったと見なしました。1938 年，彼はジョン・リックマンと訓練分析を始めましたが，これは第二次世界大戦によって終わりにされました。

　彼は 1940 年に陸軍医療部隊（RAMC：Royal Army Medical Corps）に入隊し，多くの軍病院に勤務して，精神科問題を持つ負傷者の治療に新しい方法を導入しようとしました。（この時期については，エリック・トリストの貴重な寄稿「1940 年代のビオンとの仕事：集団の 10 年間（*Working with Bion in the 1940s: The Group Decade*）」で詳しく述べられています（マルコム・パインズ編『ビオンと集団精神療法（*Bion and Group Psychotherapy*）』所収）。

　〈ノース・フィールド実験〉は，運が悪くて短命に終わりましたが，最初期の集団療法計画の一つでした。彼はまた，指導者の能力がある将校を選ぶために設置された陸軍省選抜局（WOSB）の上級精神科医を務め，候補者たちが集団での作業の中で生じる緊張にどう対処するかを見て，その適性を判断していました。彼がこうした戦時中の経験から学んだことは，終戦直後のタヴィストックでの集団での仕事の基礎となり，1948 年から 1951 年にかけて『人間関係（Human Relations）』誌に発表した論文に結実しています。

　戦争が始まってすぐ，彼は女優のベティ・ジャーディンと結婚しました。彼女は 1945 年に娘が生まれたとき，悲劇にも亡くなってしまいました。それで彼は戦争が終わると，赤ん坊の世話をしなければならず，お金もほとんどなく，すぐに当てになる定期収入もないまま，悲しみに暮れていました。彼はタヴィストック・クリニックに戻り，それまではほとんど何も書いていませんでしたが（1940 年に出版された『戦時下の神経症（*The Neuroses in War*）』という論文集の中の「『神経戦』というもの（The War of Nerves）」という論文と，1943 年に出版された〈ノース・フィールド実験〉に基づく「治療における集団内の諸緊張（Intra-group Tensions in Therapy）」），その後の 5 年間に，その例外的な能力を発揮する機会に恵まれました。彼は，さまざまな種類の集団を担当し，クリニックの再編成全体に大きな役割を果たし，計画委員会と執行委員会の委員長を務め，メラニー・クラインと分析を始め，ハーレー・ストリートで分析の個人開業を始めました。また 1948 年には，英国心理学協会の医学部門の会長として，「危機の時期の精神医学（Psychiatry at a Time of Crisis）」という論文を発表しました。1950 年には，英国精神分析協会で会員資格論文「想像上の双子（The Imaginary Twin）」を発表しました。

　ですから，私たちが1951年にタヴィストックで会ったとき，彼は既に最後
の集団論文を書き上げて，フルタイムで分析開業を行なっていました。それは
3月半ばのことで，私たちは6月初旬に結婚しました。こう言うと，衝動的に
何の考えもなく行動に移しているように聞こえますが，それはともかく，この
パートナーシップは長く続きました。

　それから間もなくして私は，ビオンが集団論文の書籍化に同意するように，
説得を依頼されました。しかし，彼は「序文」で説明したように，「その後の
経験を盛り込んだ変更抜きで再刊することには気乗りがしなかった」のでし
た。1952年の論文「集団力動：再検討（Group Dynamics: A Re-view）」［第4
巻，p. 207参照］を収録することで，その実現に向けて一定の前進がありまし
た。

　彼が精神分析と，7本の論文を1952年から1957年の間に書くことに没頭
したため，そしていつも現在のことに集中したくて過去の仕事に関心を示さな
い習性のために，『さまざまな集団における経験（*Experiences in Groups*）』は
1961年まで出版されませんでした。この本は販売部数の点で，彼の最も成功
した本だと分かりました。この成功は彼を驚かせました。特に1960年代には，
消極的な出版社から彼の本は「とてもとてもゆっくりと」しか売れないと言わ
れていたからです。出版から30年，原著論文から40年経った今でも，この
本への需要は続いています。外国版が今ではいくつあるのか，私には数が分か
らなくなりました。ただ，美的な観点からは，日本語版が見て一番美しいこと
は分かります。

　メラニー・クラインは，彼の集団の仕事に共感を示しませんでした。彼女の
意見では，それは分析の仕事と対立するものでした。彼女は彼の精神分析理論
のいくつかに疑念を抱いていました，最終的にその妥当性を認めましたが。他
方ビオンは，集団の仕事を分析の仕事から全く切り離されたものと見なしては
いませんでした。彼は，『さまざまな集団における経験』の「序文」でこう書
いています。

　　　私は実践する精神分析者として，精神分析的な接近方法は個人を通し
　　て，本書の論文が記述する接近方法は集団を通して，どちらも同じ現象の
　　異なる面を扱っているという事実に感銘を受ける。これらの二つの方法

は，実践する者たちに複眼視の萌芽を提供する。　　　　　　［第 4 巻，p. 101］

彼は確信していました。

　　……投影同一化および妄想分裂ポジションと抑うつポジションの間の相
　　互作用についてのクライン派理論が，決定的に重要であることを。この二
　　つの理論の助けなしには，集団現象の研究においていかなる前進もあり得
　　ないだろう。　　　　　　　　　　　　　　　　　　　　［第 4 巻，p. 102］

　彼が「序文」で語っていることのいくつかは，「なぜあなたは集団の仕事を
断念したのですか？」というよく聞かれた質問に促されたものです。彼は集団
を引き受けていたときも，分析の実践に既に熱中していましたが，最終的に，
とにかく自分にとっては，二つの方法をいわば並行して実践することは，集団
にも個人にも分析者にも，有益ではないと認識したのです。
　分析の実践における経験の蓄積と見解の変化を踏まえて，彼は 1950 年代の
論文を 1967 年，彼の論評，批評を加えて『再考』として出版しました。精神
病患者に対する彼の継続的な研究は，1960 年代の 4 冊の本――『経験から学
ぶこと』，『精神分析の要素』，『変形』，『注意と解釈』――の基礎となりまし
た。このような患者の分析に伴う手に負えない困難は，これらの本の出版前，
出版中，出版後に彼が折に触れて書いた文章にはっきりと表れており，そこに
は彼の考え方や理論の発展が詳細に示されています。これらの文章は，1991
年に『思索ノート（*Cogitations*）』という題で出版されましたが，これはビオ
ンの命名です。それらは四冊の曖昧な点の多くを明確にしています。私の意見
では，彼は最終製品に至る膨大な準備作業の多くを切り捨て，極めて濃縮され
た「完成品」を残し，よく言えば難解，悪く言えば理解不能，狂っているとい
う評判を自ら招きました。アンドレ・グリーンは，『思索ノート』の詳しい貴
重な書評でこう書いています。「ビオンの出版された仕事と比べて，『思索ノー
ト』は読むスリルがあり，吸収しやすい。それは，著者の定式化があまり凝縮
されていないことと，著者が私たちを，彼の思考が展開される過程の目撃者に
するためである。我々は文字通り彼を**追っていく**のだ」［第 11 巻，p. 353 参
照］。

　彼はよく私に，完全に暗闇の中にいるような気分で，患者の行動を理解する
方に向かって全く前進できないことについて，話していました。彼は朧げに理
解したと感じる場合も稀にありましたが，ほとんどその直後に，効果的な治療
の可能性への疑いに陥ってしまうのでした。彼は，「私に向かない仕事だ」，
「私には歯が立たない」，「私には何が何だか分からない」と言うのでした。彼
が深く考えて込んでいた書斎から顔を出すときには，そんな解き難く見える問
題を抱えて，青ざめて「放心」としか言いようのない様子でした。それは不安
にさせるものでしたが，彼は精神病者の心の性質を深く掘り下げたので患者の
経験と「一致」していることに，私は気づきました。ごく稀に，彼は突然の閃
きによって高揚しました。彼が「私はすごい天才に違いない」と叫んだのを，
私は覚えています。しかし彼はすぐに，それは「自明なことの目晦ましの閃
き」だったと判断するものでした。
　役職者としての彼は，群を抜いた実力者でした。彼は委員会で，問題の核心
を特定して，討論の「軌道を保つ」ことができました。彼は，その鋭い心の眼
と揺るがない直観で，木に森を見ることを妨げさせることは決してありません
でした。彼は時間の無駄使いが大嫌いでした。会議の議題が完了してから誰か
が，「私は質問したいことがありますが……」と言い出すと，彼は意気消沈す
るのでした。
　遅く帰宅して彼は私に，「彼らは家に帰らなくていいのか！」と声を上げた
ものです。
　彼は決して責任ある地位を求めませんでした——それらは彼に押しつけられ
たものでした。彼は 1956 年から 1962 年までロンドン精神分析クリニックの
院長，1962 年から 1965 年まで英国精神分析協会の会長，出版委員会とメラ
ニー・クライン・トラストの委員長，1966 年から 1968 年まで訓練委員会の
委員でした。彼は夜の会合を深く嫌っていたにもかかわらず——ただでさえ長
い一日の仕事の終わりに，週に 2, 3 回ありました——これらの役職を，協会
の年長会員が負担するものとして受け入れていました。
　振り返ってみて，あれほど多くの仕事とするべきことの最中で，私生活のた
めの何らかの時間があったことには驚かされます。しかしながら，週末は家族
でくつろぎ，会話をし，音楽を聴き（私たちの好みは幅広いものでしたが，
バッハ，モーツァルト，ハイドン，ブリテン，ストラヴィンスキーを気に入っ

ていました），読書や，熟考，執筆のための神聖な時間でした。彼はかつて，
「私は精神分析者になりたい。しかしその経験のせいで，劇場や画廊に行った
り，絵を描いたり，泳いだりができないような，生きがいのある人生を送れな
くなりたくはない」と言っていました。

　子供たちは，寝る前の読み聞かせを楽しみにしていました。彼は子供たちの
友人であり，対等に話し，優しくて穏やかな人でした。彼が怒って声を荒げた
ことは一度も思い当たりませんが，もちろん彼が怒ることはありました——彼
の眼の色や辛辣な言葉は，荒天のサインでした。彼は子供たちが成功すること
に大きな喜びを感じても，失敗したときにはそれを人生の一部として達観して
捉え，子どもたちに決して自分の価値まで落ちたとは感じさせませんでした。
彼は自然な不安を抑えて，子どもたちがそれぞれの道を歩むのを許容しまし
た。とはいえ，彼にはいつも，自分自身の経験に基づいて助言する用意があり
ました。それは大概，気楽に面白おかしく語られました。パーセノープ〔ベ
ティ・ジャーディンとの長女〕は，次のようなエピソードを語っています[1]。

　　私は 18 歳の若さで，イタリアへの長期留学に出発しようとしていまし
　た。出発の前日，父は「話したいことがある」と言って，私を書斎に呼び
　ました。私は部屋に入りました。沈黙——彼は書いていて，おそらく私の
　存在に気づきませんでした。しばらくして，私は呼ばれて何の熱意も感じ
　ておらず，かなり鬱陶しい「良い助言」のようなものを想定していたの
　で，「来ましたよ」と言いました。
　　「そうそう，行く前に二つ言いたいことがあって。まず，ピッティ宮殿
　の現代絵画も忘れずに見てきて」（イタリアやイタリアの文化を過去のも
　のと考えないように，それは生きていて発展しているのだ，と言わんばか
　りでした）。「それから，これは迷子になったときのためのものだよ」。「こ
　れ」は，ヨーロッパと小アジアの地図でした。

　彼は，自分自身の医学部での面接を思い出して，ジュリアン〔フランチェス
カとの長男〕に「精神分析に興味があるとは一切言わないように」と助言しま

＊1　1997 年 7 月にトリノで開催された，W. R. Bion の業績に関する 100 周年記念国際会
　　議の準備中に行なわれたシルヴィオ・メルシアイ博士との一連のインタビューから。

した。ジュリアンは父についてこう言っていました（1990 年,〈ノースフィールド実験〉とその後の第二次世界大戦中の精神的苦痛の治療についての記事のためのインタビューで）。「父はとてつもない勇気と深い思いやりがある人だと, 私には幼い頃から明らかでした。父は自制心が強かったので, それがいつでも見てすぐに分かることではありませんでしたが」。

ニコラ〔フランチェスカとの娘〕がケンブリッジ大学に合格したことを彼に伝えると, 彼は「よくやった」と言いました。少し間を置くと彼は, いたずらっぽい笑みを浮かべて付け加えました。「残念——大学違いだ」と。

私は, 彼が激しい情動の持ち主であり, 他の人にも同じように激しい情動を掻き立てる人であることを知っていました。彼は, あらゆる形の美に深く心を動かされました。彼には風刺の効いたユーモアのセンスがあり, 滑稽なことを理解できました。予想外でいつも人を驚かせた彼のおどけた発言（そのうちのいくつかは偽物ですが）には, 多くの逸話がありますが, 結局のところ出版された彼の手紙は, どんな逸話が伝えうるよりももっとはっきりと, 彼のユニークな資質を示しています。

1960 年代, 私たちは北海岸に小さな別荘を持っていたノーフォークで, 休暇を過ごしました。ビオンは, 少年時代から知っていて, 1920 年代から 1930 年代にかけて頻繁に訪れていたその地域への愛着を, 子供たちにも持たせました。この土地の爽やかな気候と飾り気のない風景は, 彼の気質にとても合っていました。私たちはみな, 土地の散策に魅了されたこと, 探索しても尽きない美しい教会の群れ, 氷の冷たさの水泳, ヒバリの歌, サクラソウ摘みなどを鮮明に覚えています——彼はそのすべてを, 深い知識と追想によって貴重なものにしました。彼は特に, そこで絵を描くことを楽しみました。その澄んだ空気と広大な空は, 画家にとって天国です——イーゼルがいつも吹いている風で飛ばされないようにできれば。

本と本の収集は, 私たちの生活で大きな部分を占めていました。食事の時間に会話をしていると, 皿の間には参照した本が次第に積まれていくものでした。彼はいつも, 本に大金を使うことには罪悪感があると言い, 本は引っ越しのときにはいつも, 重い荷物になるだけだとこぼしていました。私たちの本のほとんどは, よく持ち運ばれました。ロサンゼルスまでは 6,000 マイル, 帰りも 6,000 マイルの旅でした——帰るときには, 必然的に, もっとたくさんに

なっていました。

　私たちの巡回の旅は，1967 年に始まりました。それはビオンがロサンゼルスに，2 週間の仕事のために招かれたときです。そこでは数人の分析者たちがメラニー・クラインの理論に関心を持っていて，クライン派の訓練を受けた分析者を説得して，カリフォルニアに移住して彼らと一緒に働くことになるのを望んでいたのです。

　私たちがした 1968 年 1 月に引き払うという決断は，簡単なものではありませんでした。そのような大激変が賢明なことなのか，私たちには疑いと恐れがありましたし，家族を置いていくのも心配でした。しかしプラス面を言えば，ビオンは自分自身の非正統的な仕方で自由に仕事をする可能性を提供されました。それは，彼がクライン集団の中では得られないと感じていた自由でした。彼は長い間，彼の表現では「取り囲まれている」という感覚を経験してきました。

　英国精神分析コミュニティの多くの人たちは衝撃を受け，困惑しました。彼を失うことを純粋に残念に思う気持ちばかりではなく，驚きから，彼流の引退の仕方だという推測，理解不能，反対意見，薬物中毒と異様なカルトの土地でカルチャーショックと民族虐殺が迫っているという不吉な警告まで，反応はさまざまでした。実際に直面することになった危険は，ロンドンの予言者たちが描いたものとは，いくぶん種類が異なっていました。被害的な患者から訴えられそうだったり，米国の医師資格がないという理由で当局から診療を止められたり，「居住外国人」であることで出廷する根拠がなかったり，積極的に敵対する隣人がいたり，一時は十分な収入が得られるかどうかさえ疑わしかったのです。これらは，太陽が照りつけ，花が一年中咲き乱れ，プールが手招きしているエデンの園にいた，蛇たちでした。

　もう一度頂点を変えると――とビオンなら言うでしょう――多くの貴重な，長く続く友情，寛大なもてなし，素晴らしい芸術の展示，音楽センターと UCLA でのスリリングな管弦楽団の演奏会や独奏会を知っています。私たちが経験したことは，米国自体やそこに住む人々と同じくらい多様なものでした。私はここで，多くのカリフォルニアの友人たちの助けと支援，そしていつも刺激的な仲間に謝意を表さなければなりません。私は今も彼らを懐かしく思います。

　職業的な地位の根本的な変化に伴う不安や，安全感覚（おそらく自分の国でさえ実体がないかもしれませんが，普通は存在すると考えられています）の喪失は，ただでさえ困難な精神分析の仕事にストレスを加えました。しかし，ビオンが話したことや私が感じたところでは，彼の仕事に悪影響を与えませんでした。彼の勇気や挑戦に対する特徴的反応は，有益な刺激剤でした。

　真実の歪曲，空想で味付けられた事実，不作為による嘘，偽りの期待の助長で満たされた社会は，真実に基づく構造にとっては揺れやすい土台です。しかし精神分析は，現実の世界で実践されなければなりません。状況がどんなに困難であっても。

　1971 年の暮れ，私たちがカリフォルニアに来て 4 年近く経った頃，ビオンは『思索ノート』の中でこう書きました。

　　　私とロサンゼルスの同僚たちとの関係は，ほぼ全く失敗していると正確には言えるところだろう。彼らは私に困惑し，理解できない——だが理解できないことに対してさえ，彼らは何らかの敬意を抱いている。私の誤解でなければ，私の思考やパーソナリティ，アイデアに対する理解や共感よりも，恐怖心の方が強い。この状況が感情的な状況であることに，疑いはない——他のどこよりも少しは良い。　　　　　　　　　　　[第 11 巻，p. 321]

　それでもなおカリフォルニアは，彼が自由になり，個性を伸ばし，彼が言うところの「野生の思考」を考え，「想像的な推測」を自由に働かせられるような環境を，感情的にも身体的にも与えてくれたことは確かだと私は思います——それらが現実化するかもしれない機会は，いつもあります。

　1970 年代半ば，いわゆる「クライン派」分析への関心の高まりは，「伝統的な」米国精神分析の社会を不安に陥れました。ビオンは 1976 年のインタビューで，こう言いました。

　　　……米国の精神分析者たちは，メラニー・クラインの理論を支持する精神分析者たちを公認することは，精神分析を弱体化させると考えています。
　　　彼は，この種の論争に巻き込まれることを嫌がり，それを的外れの時間の浪費と見なしていました。彼は「部外者」であり続けることによって，

独立性を保つことに成功しました。彼は米国のどの精神分析協会や研究所・集団のメンバーでもありませんでした。　　　　　［第 10 巻，p. 153］

　彼の南米への旅は 1968 年 8 月に，ブエノスアイレスで 2 週間の仕事に招かれたことが始まりでした。残念ながら私は同行できなかったので，私の論評は当時彼が手紙に書いてきたことや後日の会話に基づいています。彼はその経験を非常に楽しんで，「君がいたらどんなによかったか！」と何度も言っていました。彼は，現地の分析協会と好意的な関係を築きました。中には，以前ロンドンで会ったことのある人もいました。この訪問の特に貴重な成果は，レオン・グリンバーグ，ダニオ・ソール，エリザベス・タバック・デ・ビアンケディによる『ビオン入門〔ビオンの仕事への序説〕（*Introduction to the Work of Bion*)』の執筆と 1971 年の出版を鼓舞したことでした。最近，後期の仕事についての素材を追加した新版が出版されています[§1]。

　彼の次の出張は，1969 年 8 月，マサチューセッツ州のアマースト大学で開かれた〈集団関係〉（グループ・リレーション）の会議でした。それは彼が私抜きで行った，2 回目で最後のものでした。その時は学校の休暇で，私は子供たちを連れてオレゴン州を旅行していました。彼の手紙からすると，通常の集団の緊張と敵意が感じられたうえに，きっと偉大なる師ビオンの存在によって悪化したことははっきりしていました。彼が私に書いたところでは，「『ビオン，ビオン，ビオン』と言い続けられて，遂に私は少し怒り，苛々しました」。

　次の 2 年間は適応の時期で，実践を積み重ね，『夢（The Dream)』の制作に取りかかりました。それは 3 部作『未来の回想（*A Memoir of the Future*)』の第 1 巻となるものでした。この本は 1975 年に出版され，1977 年に『過去の発現（*The Past Presented*)』，1979 年に『忘却の夜明け（*The Dawn of Oblivion*)』が出版されました。この 3 冊は最終的に 1991 年に 1 冊にまとめられ，私の10 年来の念願が叶いました。この刺激的で不穏な「大作」（確かに 700 ページ近い重い本です）は，一生涯の経験をフィクションにして劇化したもので，数多くの人物が登場します。それは彼自身のパーソナリティと思考の多くの側面を声にすると同時に，私たちは登場人物たちに私たち自身を認めます。もしも

§ 1　Grinberg, Sor, & de Bianchedi（1993)

彼が英国にいたままでしたら，彼は自分をこのような率直で隠れていたものを顕わにする仕方で表現できるとは，もちろん感じなかったでしょう。私は彼に変化と，生涯の束縛から解き放たれた安堵を見ました。彼は「エピローグ」にこう書きました。

　　私は生涯，常識や理性，記憶，欲望，そして——最大の悩みの種の——理解することと理解されることに閉じ込められ，欲求不満を抱き，呪われてきた。本書は，私の反抗心を表現し，これらすべてに「さらば」と言う試みである。私の願いは，今や失敗の運命にあると気づいているが，常識や理性などによって染められたところの全くない本を書くことである（前述）。だから，私は「本書に科学的であれ美学的・宗教的であれいかなる事実をも見出そうとする者はみな，希望を捨てよ」〔cf.「ここから入らんとする者はみな希望を捨てよ」ダンテ『神曲』「地獄篇」〕と書きたいところだが，成功したとは言い切ることはできない。私はそれらすべてが，これらの言葉の中に隠れて名残や痕跡，幻影を残していると見られることを恐れている。「朗らかさ」のような健全ささえ，入り込むだろう。

［第14巻，p. 138］

　1972年にビオンは，ローマにある精神分析協会で3回お話をしました。私は「講義」という言葉を使うのを躊躇します，というのも，彼はいつも**即興**で，どんなメモも使わずに，自分が何を話すのか事前には分からないと宣言して話したからです。このように彼は，直ちに触れ合いを達成しましたが，それはその威厳ある存在感と鋭い目によって，ますます効果を発揮しました。

　1973年に2週間サンパウロを訪ねたのは，1968年にロンドンを離れて現在［1994年］もサンパウロで仕事をしている，フランク・フィリップスの誘いによるものでした。当時のブラジルは抑圧的な軍事政権下で，汚職と経済的混乱が蔓延し，精神分析が花開く土壌になりそうにはありませんでしたが，逆境は個人にも社会にも成長をもたらすことがありえます。それは興味をそそる見通しでした。ビオンは1950年代から1960年代に，既にロンドンでブラジル人分析者たちと会ったことがあり，彼らがビオンやメラニー・クラインの考えを受け入れてくれることを知っていました。彼らは魅力的で愛情深く，文化的な

人たちです——知り合って一緒に仕事をするのは楽しいことでした。

　彼の訪問は大きな関心を呼び起こし，講義には多くの聴衆が集まりました。好奇心と非現実的な期待は，「世界で最も有名な精神分析者」という馬鹿げた報道によって煽られました（しかしこれは，『ニューヨーカー』が彼を「街で最も刺激的な存在」と呼んだことに比べれば大したことではありません）。彼はそれに狼狽も面白がりもしましたが，このようなジャーナリスティックな誇張に晒されることは，好むと好まざるとにかかわらず，一種の救世主の地位に持ち上げられた人たちが直面する，職業上の危険の一つです。彼がよく言っていたように，それは「名誉の重みで跡形もなく沈んだ」のと似ています。精神分析にとって幸いなことに，彼は両足をしっかりと現実に置くことに成功しました。

　彼はこの仕事を楽しみ，刺激を受けました。講義では，私は彼の考えを把握しようとする意欲と欲望をはっきりと感じ，多くの活発な参加者がいました。彼のスタイルに馴染みのない人にとっては，おそらく期待を調整する必要性があったことでしょう。自分たちの質問への明快な答えを求める人は，失望しました。彼は，モーリス・ブランショの「答えは問いの不幸である la réponse est le malheur de la question」という言葉に同意していました。彼は，「『答え』は好奇心を終わりにする，隙間の詰め物だ，特に，その答えが正解 THE answer だと信じるならば」と言いました。また，別の機会には，彼はこう説明しました。

> 　私がプレッシャーを感じるとき——私は何か質問されたときのために準備しておいた方がいい，と——私はこう言います，「構うものか，それがフロイトでどうか……自分が昔どう書いたかさえ，調べないぞ——それは我慢しておこう」と。しかしもちろん，私はあなた方にも我慢をお願いしています。
> 　　　　　　　　　　　　　　　　　　　　　　　　　　　　　　［第 8 巻，p. 230］

また，こうも言っています。

> 　疑問に対する答えを探すなら，自分自身の直観と理解を通す以外に，見つけられないでしょう。

　ですから，彼の応答は，間接的な道筋から問題に接近することによってそれを明確にすることを狙っていました。やがて一見無関係な答えが，実は問題の領域とその先を照らしていたことが明らかになりました——周遊旅行のように，旅人を出発点に連れ戻しますが，その旅を通して得た知識と経験を生かしてそれを見ることができます。ビオンの言葉を借りれば，「螺旋上のより高い地点に戻る」のです。

　翌 1974 年には，彼はリオデジャネイロに 2 週間，それからサンパウロに 1 週間行くように頼まれました。彼はその機会を歓迎しましたが，1973 年に行ったばかりでまた行くのはどうかと思いました。彼のスケジュールはいつものようにハードで，毎週 5 回の夜間講義と，毎日 7・8 時間のセミナーとスーパービジョンでした。彼は巧みに自分のペースを守りました——彼はそのことを，どんな仕事でも非常に重要なことだと考えていました——彼は大変な量の仕事を抱えても，明らかに質が落ちるということはなくこなすことができました。また彼は，ウィンストン・チャーチルのように，ほんの数分眠るとすっきりと目覚めることができました。目まぐるしいコミュニケーションの現代では，スピードが優先されます——速度記録，速読，即断即決，数秒か瞬時に答えを求める「クイズ」コンテスト——ゆとりの機会つまり急がずに考えたり行動したりすることは，ますます許容されなくなっています。ビオンはよく『伝道者の書』（三十八巻二十四節）から「知恵は余暇の機会によって，学識ある者にもたらされる」という言葉を引用しました。そして「我々の知恵の成長は，我々の知性に追いつくことができるだろうか？　人間という動物が自分を地球から吹き飛ばす前に，自分はどのような動物なのかを発見することが，最大限の緊急課題である」〔『四つの対話』1〕と問いかけました。

　1975 年，私たちはヴァージニア・ビクド博士から，ブラジリアに 1 カ月間滞在するように依頼されました。その年はブラジリアの建立 15 周年で，それを記念してブンティ宮殿で四つの会合が開かれ，（ビオンを含む）討論者たちがこのユニークな首都についての意見，希望，恐怖を表明する機会となるパネル討論が設定されました。これらの会合と大学での 3 回の夜間講演の他に，4 週間は週 5 回の臨床セミナーと分析セッションで埋まりました。ブラジルから来た分析者たちに加えて，南米の他の地域からセミナーに参加して，1 カ月間の集中作業を利用した人もいました。

　4回目で最後のブラジル訪問は，1978年の2週間でした。そこでも彼は，同じく集中して仕事をしました。50回の臨床セミナー，毎日のコンサルテーション，10回の夜の集まりです。このような量の仕事は，80歳の彼の例外的な精力と体力を示していました。1976年から1979年の間には他にも多くの出張がありました。トピカ，ロンドン（4回），ローマ（2回），リヨン，パリ，ニューヨークそしてワシントンが出張先でした。

　1970年代の間私は，彼の仕事を出版に向けて編集するという課題を引き受けました——それまでに，タイピング・校正・出版社とのやりとりは，既に長年行なってきていました。明らかに，彼はそうした作業に決してやる気を出しそうになく，また，彼が創造的な思考と執筆という全神経を没頭させる活動を続ける限り，それに割く時間はなかったことでしょう。その頃には私は，彼や彼の仕事の仕方と表現の仕方を誰よりもよく知っていると感じていましたし，彼が語る場面にはすべて立ち会っていましたので，彼が何を言ったか（録音の質が悪かったとしても）ばかりでなくどう言ったかも，より容易に思い起こすことができました。録音は，話し手についてごく限られた量のことしか伝えません。それは編集者に，個人のスタイルと自然さを保つと同時に滑らかな文章を作って，語られた言葉をいかにうまく印刷ページに移すかという問題を投げかけます。この作業全体で一番難しかったのは，編集の終わったものを彼に読んでもらうことでした。子供に不味い薬を飲ませる方が，簡単だったでしょう。彼は自分の気持ちをやや乱暴に，しかし生々しく表現しました。「自分が吐いたものを調べるのは嫌だよ」。

　1970年代の講演やセミナーから生まれた本——『ブラジル講義（*Brazilian Lectures*）』，『ニューヨークとサンパウロのビオン（*Bion in New York and São Paulo*）』，『四つの対話（*Four Discussions*）』（ロサンゼルスで催されました），『臨床セミナー（*Clinical Seminars*）』（ブラジリアで行なわれました）は，それ以前のどの著作よりも彼の確信とパーソナリティ，方法について明かしています。それらは理論的な著作の非常に貴重な拡張です。そこには，あなた方の専門分野が何であるかに関わりなく適用できる，多くのものがあります。専門用語は一切ありません。彼は複雑な事柄を，平易だけれども深い洞察と知恵に満ちた言葉でうまく論じています。

　1978年には私たちの家族は，仕事の都合でみなが集まる機会は次第に減っ

ていきました。その年に長い間話し合った結果，私たちは 1979 年の初めに英国に戻ることを決めましたが，カリフォルニアとの関係を完全に断ち切ることはしたくありませんでした。私たちは家を売ってアパートを買い，米国西部で過ごしたりヨーロッパで過ごしたりしようと望みました。9 月 1 日にロンドンに到着すると，ビオンは（いつものように）仕事に取りかかり，私はオックスフォード地区でまた家探しをしました。当時オックスフォードには，オリバー・リス，イザベル・メンジース，ドナルド・メルツァー，マティ・ハリスなど数人の分析者たちがいました。ビオンの到着によって，何もなかったところに精神分析グループの核を作れるという期待に拍車が掛かりました。適当な家が見つかって，私たちは 10 月初めには引っ越しをし，コンテナが港から届き荷ほどきを始めました。私は何箱もの本を出すのに使った時間を思い出します。それは退屈な作業でしたが，「旧友」と再会する喜びの混ざったものでした。

　ビオンが英国に戻りたがったのは，死が迫っていることを知っていたからではないかと疑われ，信じられてきました。しかし，82 歳の彼にとって自分の命に限りがあることを受け入れるのは自然だったでしょうが，カリフォルニアに足場を残し，1980 年 1 月にボンベイであるグループと仕事をすることに同意したのは，死にゆく人間の行動ではありませんでした——彼にひどい否認傾向があるのでなければ。ビオンは，何にもまして，自分にも他人にも徹底して正直でした。

　彼は 10 月第 3 週に，具合が悪くなりました。骨髄性白血病と 11 月 1 日に診断され，それは驚くほどの速さで進行し，慈悲深くも，ほどなく 11 月 8 日に亡くなりました。

＊ ＊ ＊

　ここで私は，彼の仕事の側面の中で，彼にとって大きな関心の的であり，私との対話の中で何度も何度も立ち戻ったことに目を向けることにします。私は，自分が実践していないことを説いていると見られたくないので，一度はっきりさせておきますが，私が言うことは，28 年間受け取り手そして彼が打ち明ける相手として，それから彼の死後 15 年間の考察と経験を通して学んだことに基づいています。結婚生活における緊密な協力関係は，成功した分析と同じように，死別してからも学びと発達をますます強く続けさせられることを，

私は発見しました。分析者の仕事は孤独なものです。同僚たちとのコミュニ
ケーションでさえ，疑問や苦闘，恐れそして時には仕事がうまくいったという
実感を打ち明けられる親しい連れとの触れ合いの，代わりをすることはできま
せん。

　彼は何よりもまず，真実を尊重しました。それがなければ，効果のある分析
は不可能となります。それは中心の目的であり，食べ物が身体の成長にとって
必須であるように，心に必須です。「それがなければ，心は飢え死にする」。

　ビオンは真実という概念を，さまざまな仕方で見ました。通常の日常的な意
味で，音楽や絵画・彫刻などに携わる人々による真実の探求として，そして
「服用すると死に至るほど強力なものでありうる」真実を知ることへの恐怖と
してです。また，捉えどころがなくてかつ到達し難い類の〈真実〉もありま
す。個人的な探究の中で彼は，ほとんど触知できる強さで，心の複雑さの中を
たゆまずかき分けて進みました。そして「怪物」を征服するや否や，あたかも
抗い難い力に駆り立てられたかのように，戦いに向かって突き進むのでした。
経験を通じて彼は，患者および患者がビオン——あるいは自分自身——につい
て持っている独自の知識に対する敬意の価値を学びました。患者についての他
のどんな情報も，どんな情報源からでも，これより有益なものはありません。
彼の言葉を引用すると，「分析者が傾聴し，目を開き，耳を開き，感覚を開き，
直観を開く用意があるならば，それには患者を成長させると思われる効果があ
る」〔『ブラジル講義』「1974 年リオデジャネイロ 6」〕。

　彼は，思弁的な想像作用や想像的な推測の使用を唱道しました。それらがなけ
れば分析者は，科学的な考えの芽を育てられる条件を作り出すことができない
でしょう。同時に彼は，それを規律正しく保ち，熱狂状態の犠牲に——つま
り，楽観主義や悲観主義・絶望にいわば薬漬けに——なることを避けなければ
なりません。言い換えれば，記憶と欲望を捨て去ることです。これらは，「こ
こで今」にすべての注意を集中する分析者の能力を妨げて，分析者の観察能力
の価値を破壊する照明です，「カメラに光が漏れると，それに晒されたフィル
ムの明暗の度合いが破壊されるように」。精神分析的な観察は，起こったこと
や起ころうとしていることにではなく，今起こっていることに関わっていま
す。どのセッションにも，歴史も未来もあってはなりません——どのセッショ
ンでも唯一重要なのは，未知のものです。

　なぜこの勧告——どう見ても明らかな常識の一つです——が敵意ある批判を受け，故意かと思われる誤解をされなければならなかったのか，理解困難です。ビオンはそれが大変達成困難なものであり，最初分析者に恐怖と不安を引き起こしうることを知っていました。しかし彼はまた，経験と忍耐から，それが患者との“一致 at-one-ment”と彼が呼ぶものを可能にすることを知っていました。このような誘惑を心から取り除くことによって，「学習，訓練，過去の経験によって生じる雑音は最小となる」のです。この技法を実践することに成功した人たちは，この技法が非常に有益であると感じています。私は，この技法がビオン自身の分析方法の中心にあったことを知っています。

　彼は，**精神分析の経験の危険な性質**に気づく必要性を強調しました。それはどちらにも嵐のような，情動的な状況です。分析者は戦闘中の将校のように，恐れを知るほどには正気であることが期待されると同時に，理路整然としていて自分が気づくことを理解可能なコミュニケーションに変換できなければなりません。

　彼は身体的な誕生という印象的な切れ目 caesura（セズーラ）に関連したアイデアを，かなりの時間をかけて発展させ，それは——精神病的な人に限りませんが，特にそうした人の——誕生前の生活が誕生後の生活に及ぼす影響についての，いくつかの興味をそそる提案につながりました。彼が 1975 年に論文「セズーラ」を書いて以来，人間の胎児の誕生前の行動や反応に関する研究が盛んに行なわれるようになっています。つい 2 週間ほど前に私は，誕生後の知能の向上と成熟につながると研究者が主張する，胎児教育の実験についての映画を見ました。『忘却の夜明け』には，中胚葉節（ソウマイト），体細胞（ソウマ），霊魂（サイキ），〈乳児期〉，〈児童期〉，〈成熟期〉の間で，特にふさわしい会話があります。

　彼はあるアイデアの誕生について，言いました。「誰かが新しいアイデアを持つたびに，それはすぐに障壁，すなわち突き通すのが難しいものとなる。それは解放する代わりに，閉じ込めるものとなる」。

　彼は個人的な経験から，独創的な思索者たちは，まず新しい概念を表現するのに苦労し，次に同じような努力に伴う乱流を経験したがらない人たちの反対や敵意に直面することを，よく知っていました。1977 年，ニューヨークで彼はこう言いました。

　人々の集団であろうと個人であろうと，ある考えを生み出そうとするとき，その経験に伴う痛みは非常に混乱させ動揺させるものであり，誰かが必ずそれを止めようとします。苦痛が好きな人はいません……この新しい考えがもっと厄介になる前に，伝染病や感染症になる前に，食細胞が集まってきて飲み込もうとしなければ……私は驚くはずです。

［第8巻，p. 299］

　彼は，分析において言葉によるコミュニケーションばかりを用いることが強いる困難と制約を，残念に思っていました。彼は，それを補うために分析者はどれほど微かでも，またどんな種類のものでも，患者からのメッセージを拾い上げるために五感を駆使する必要性を痛感しているべきだと気づいていました。彼は，詩人や画家・彫刻家，作曲家，数学者など，心にいつまでも残るコミュニケーションができる人たちをうらやましく思いました。それでもやはり彼は，自分を言葉で表現する仕方を通して，また，いわく言い難い非感覚的な何らかの質を通して，人々に永続的な影響を与えることができました。ジークフリード・サスーンは，ウォルター・デ・ラ・メアと知り合って話をしたときの喜びを，こう書きました。

　　私は彼と一緒にいて，知覚が高まり，深まったと感じなかったことはない。彼と話した後，人は新たな洗礼された目で，世界を見るようになる。

　私はビオンについて，同じことが言われるのを聞いたことがあります。時には，たった一度の出会いが，その後何年も感謝の念で記憶されていることがあります。
　彼は，沈黙——あるいは沈黙と思われるものを解釈することの重要性を強調しました。彼は，いつも黙っている患者についてこう言いました。

　　……私たちを言葉の交わりのみに制限していると，私たちはこの種の患者とはうまくいかないでしょう。沈黙を解釈するためには，どのような精神分析が必要とされるでしょうか。分析者は，その沈黙にはパターンがあると考えるかもしれません。もしも沈黙を尊重できなければ，それ以上の

進歩は望めません。分析者は沈黙して傾聴することができます——話すの
を止めて，起きていることを聞く機会を持てるようにするのです。

彼が別のときに述べたことを以下に引用する。

　　ある種の沈黙は，無であり，0，ゼロです。しかしその沈黙が時には，
豊かなものになります。それは 101 になります——先立つ音と後に続く
音が，それを価値のあるコミュニケーションへと変えます，音楽の休止符
や間，彫刻の穴や溝がそうするように。

彼は，分析者が分析セッションの間に，そうあらねばならない心の状態に注
意を促しました。意識的に目覚めていて印象を言語化できる状態と，眠ってい
る状態との間の差は，ごく僅かです。彼は，「波長が合うのは比較的稀なこと
で，それが認識されるには，経験されなければならない」ことを見出しまし
た。彼は私に，彼がこれを，一人で深く考えているときにも感じる，と言いま
した。彼は「目が覚める」と，それまでの「暗い点」（フロイトがルー・アン
ドレアス・ザロメに宛てた手紙に書いた言葉）に光が射していることを感じる
ものだったと言っていました[§2]。

ビオンは，思考する者がいない思考の存在を考えることは有益であると気づ
きました。1977 年にローマを訪れる前に録音したテープで，彼はこう言いま
した。

　　もしも思考する者のいない思考が現れたら，それははぐれた思考かもし
れないし，持ち主の名前と住所の付いた思考かもしれないし，野生の思考
かもしれない。問題は，それをどうするかである。もちろん，それが野生
のものならば，人はそれを飼い馴らそうとするかもしれない。

　　　　　　　　　　　　　　　　　　　　　　　　　　［第 10 巻，p. 175］

それに持ち主の名前と住所が付いていれば，持ち主の元に返したり，自分が

---

§2　1916 年 5 月 25 日付書簡；Pfeiffer, 1972. Ed. 所収。

持っているので気が向いたときに取りに来て，と持ち主に伝えたりすることができます。あるいは，もちろん，それを盗んで，持ち主がそれを忘れてしまうか盗まれたことに気づかないことを祈り，そのアイデアを我が物にすることもできるでしょう。

グリッドについて一言。1960年代初頭に彼がそれを組み立てることに取り組んでいたとき，私は彼が，それを分析者のための道具として使用する可能性について非常に熱心になったことを覚えています——但し彼が指摘したように，それは分析セッション中に使用するものではありません。1963年に彼が書いた未発表の論文が，最近になって私の目に留まりました[§3]。それは1971年にロサンゼルスで行なわれた「グリッド」論文（1977年に出版）よりも詳しく説明し論じています。

彼は言っています。

> 私が……提唱する手順は，分析者の直観をいわば訓練し続けるのに確かに役立ち，セッションの作業を記憶に刻み込むのに役立つものです。
>
> ［第5巻，p. 101］

グリッドに価値を認め，認め続けている人たちがいますが，彼はその欠点に気づいて，次第に不満を抱くようになりました。1974年，リオデジャネイロで彼はこう言いました。

> グリッドは，道具を作ろうとする弱々しい試みです——理論を作ろうとはしていません。私は，それがいかに悪いものであるか，私が課題に対して作ったのにそれがいかに適していないかを知るのは，かなり良いことだと思います……私にとって，それは時間の無駄です，なぜならそれは，私が出会う可能性のある事実とあまり対応していませんので。
>
> ［第7巻，p. 125-126］

---

§3　この論文はその後1997年に「The Grid」として出版された（第5巻参照）。ロサ・ベアトリス・ポンテス・ミランダ・デ・フェレイラによってフランチェスカ・ビオンの元にもたらされた（第5巻，p. 97参照）。

　患者の記録を書くことに関しては，彼は最終的にそれを，無駄で無関係なことだと考えました。これはもちろん，彼の個人的な意見であり，必ずしも他の人に推奨するものではありません。彼は，患者についての詳細な情報を法廷で証拠として提出できないリスクを認識していましたが，それを覚悟して行なっていました。彼が長くて詳細な記録を付けていた時期もありましたが，満足がいかずに，他の諸々の方法を試しました。しかし徐々に彼は，すべて放棄しました。彼は，セッションの直後には自分の考えを明確にするのに役立ったかもしれないものが，後には全く何も明確にしないことに気づきました。彼が臨床経験を「記録した」仕方は，それを自分の書き物の中に取り入れることでした――それは，関連した諸問題を「考え抜く」方法として，はるかに価値があるものでした。彼は『再考（Second Thoughts）』の序文でこう書いています。

　　記憶は感覚的経験から生まれ，それにのみ適している。精神分析は，感覚的ではない経験――不安に形や色・匂いがあると誰が思うだろうか――に関わるので，感覚可能なものの知覚に基づく記録は，精神分析的には無関係なものの記録でしかない。したがって，セッションのどのような説明においても，それが出来事からどれだけすぐに，あるいはどのような手段で作られようと，記憶は情動的経験の絵画的コミュニケーション以上のものとして扱われるべきではない。　　　　　　　　　　　［第6巻，p. 53-54］

　1970年代後半には，彼はセッションを再経験する別の方法として，患者の見出し付戯画を描くことをしていました。これはどんな仕方よりも良かったかもしれない，と私は思います。明らかな理由から，公開できないのが残念です。
　フランスで休暇を過ごしていたとき，亡くなる6カ月前のことでしたが，彼はいくつかの考えをテープに録音しました。彼が述べたことの一部は，彼と私たちが一緒に過ごした年月の回想の締めくくりにふさわしいものです。

　　私の自身の個人的経験と精神分析の歴史，さらには人間の思考の歴史を比べると，自分がその中の単位の一つではなく，その継承の線にいることになっている立場に気づくことは，かなり馬鹿げているように思われる。

誰が一番上か，という優先順位の競争に参加することを要求されているの
は，さらに馬鹿げたことである。何の一番上か？　それはこの歴史のどこ
に由来するのか？　精神分析自体はどこから来るのだろうか。この論争は
何についてなのか？　人が興味を持つことになっているこの論争は何なの
か。私はいつも聞いている——これまでいつもそうだったように——私は
クライン派だ，私は頭がおかしいとか，私はクライン派ではない，精神分
析者でもない，とか。そのような論争に興味を持つことはできるだろう
か？　私は，人間が野蛮と純粋に動物的な存在から文明社会と呼びうるも
のへと抜け出そうとする闘争の遠因に，このようなことが関連しうるとは
とても思えない。　　　　　　　　　　　　　　　　［第 11 巻，pp. 347-348］

付録 B

ウィルフレッド・R・ビオンの職務と地位一覧

教育

ビショップス・ストートフォード・カレッジ

オックスフォード大学クィーンズ・カレッジ，オックスフォード

ユニバーシティ・カレッジ病院，ロンドン

学位と受賞歴

文学士　歴史学（オックスフォード大学）

金賞：外科学（ユニバーシティ・カレッジ病院，ロンドン）

会員，英国王立外科医師会（MRCS）

開業資格免許，英国王立内科医師会（LRCP）

軍務

1916-1918 年　英国戦車連隊

1940-1945 年　精神科医，デイヴィヒューム軍病院

チェスター軍病院

訓練棟責任者，ノースフィールド軍病院

上級精神科医，陸軍選抜局

勲章

殊勲賞（DSO）

レジオン・ドヌール勲章

殊勲報告書への名前の記載

任命

1933-1939 年　書記，医学部門，英国心理学会

1945 年　会長，医学部門，英国心理学会

1946 年　委員長，執行委員会，タヴィストック・クリニック（ロンドン）

1956-1962 年　院長，ロンドン精神分析クリニック

1962-1965 年　会長，英国精神分析協会

1966-1968 年　委員，訓練委員会，英国精神分析協会

委員長，出版委員会

会長，メラニー・クライン・トラスト

1978 年　名誉会員，ロサンゼルス精神分析協会

1979 年　名誉フェロー，A・K・ライス研究所

付録 C

「破局的変化」と「変形された容器と内容」：比較研究

クリス・モーソン

　「破局的変化」は 1966 年 5 月 4 日，ビオンが英国精神分析協会の学術集会で発表したものである。『W. R. ビオン全集』が出版されるまで，この重要な論文は広く公開されていなかった。

　1970 年，この論文の一，二箇所を拡大したものが，『注意と解釈：精神分析及び集団における洞察への科学的接近法（*Attention and Interpretation: A Scientific Approach to Insight in Psycho-Analysis and Groups*）』に，第 12 章「変形された容器と内容（Container and Contained Transformed）」として再録された（第 6 巻参照）。この二つのテキストは非常によく似ており——多くの段落は同じである——，ビオンが 1970 年版で詳しく説明しようと考えた箇所は，彼の仕事を詳しく研究する人にとって，興味を引く可能性が高い。それは歴史家や地図製作者が，小さいが重要な差異を研究するために，縮尺は同じようだが歴史的な時期は異なる地図を重ね合わせるのと似ている。

　それで私はこの付録で，「破局的変化」と「変形された容器と内容」のテクストを，両者を詳細に比較するのに適した仕方で配置した。

　私が第 1 巻の「序論」に書いたように，ビオンの著作や講演やセミナーには，彼の中核となる臨床的・理論的な考え方について，かなりの繰り返しがある。しかし多くの場合，主題のバリエーション，「接近法の角度」の違い，一見小さな差異を比較する「複眼視」から，さらなる意味が見出されるかもしれない。これは，話すときでも書くときでも，ビオンが自分のコミュニケーションで行なおうとしていたことに関する信念と，非常によく一致している。

「破局的変化」（1966）

　この論文で私は，精神分析において度々繰り返されるある布置について述べる。私は，精神分析や歴史における出来事の記述のように見える定式化の力を借りるかもしれないが，それらに歴史的な叙述の地位を主張することはない。それらは私がCカテゴリー要素と呼ぶものであり，経験の背景に由来する感覚的イメージからなる記述である。そこには，私の目的のために新たに集めた経験の報告もある。

　私は精神分析的な解釈はしないことにする。それらは，精神分析者が精神分析の過程で，解釈すべき事実が利用可能であり，それを与えることができるのは自分だけである場合にのみ与えられるべきである。

　記述1。これは♂と♀という二つの記号からなり，私はそれらを，内容と容器と呼ぶ。男性と女性の象徴の使用は意図的だが，性的な含み以外のものが排除されていると意味すると受け取ってはならない。これらの記号は，♀と♂の間の関係を指している。その結合は，共存的か共生的・寄生的でありうる。

　記述2。語は意味を包容する。逆に意味は，語を包容することができる——その語は発見されるかもしれないし，され

「変形された容器と内容」（1970）

　この章では私は，精神分析や歴史における出来事の記述のように見えるが歴史叙述の地位にはない定式化の中の布置を，繰り返すことにする。それらはCカテゴリーの要素すなわち経験または報告された経験の背景に由来するイメージであり，私の目的に沿って新たに集められている。

　記述1：♂と♀の記号を私は，内容と容器と呼ぶ。男性と女性の象徴の使用は意図的だが，性的な含み以外のものが排除されていると意味すると受け取ってはならない。これらの記号は，♀と♂の間の関係を指している。その結合は，共存的か共生的・寄生的でありうる。

　記述2：語は意味を包容する。逆に意味は，語を包容することができる——その語は発見されるかもしれないし，され

ないかもしれない。このことは，意味
（♂）を包容する語（♀）として表しう
る。あるいは逆に，語（♂）を包容する
意味（♀）として。その関係は，結合の
性質によって確立される。

　ある精神分析における要素の常時連接
は，それに語や理論，他の定式化を賦与
することによって拘束されうる。それを
拘束する語は，それが表示することに
なっている常時連接から意味を取り除く
ような，予め存在する強力な連想の陰影
を持ちうる。逆に，常時連接は，定式化
が「包容」しようとした語や理論，他の
定式化を破壊しうる。

　このように，♀♂は私がそれらに包容
させたい意味を破壊するほど強力であり
うる。逆に，それらが表すことになって
いる連結が，その記号には包容できない
ほど強力な可能性もある。同様に，その
結合は共生的か共存的かもしれない。そ
れをさらに別の C カテゴリーの用語で
述べると以下の通りである。

　ある男性は，あまりに強い感情を表
　出しようとしているために，彼の言語
　的表出の能力は，吃りや意味のない支
　離滅裂な語の呟きへと解体する。

　記述 3。容器（♀）が内容（♂）から
あまりに多くを抽出する結果，内容は実

ないかもしれない。その関係は，結合の
性質によって確立される。

　ある精神分析における要素の常時連接
は，それに語や理論，他の定式化を賦与
することによって「拘束」されうる。そ
れを拘束する語は，それが表示すること
になっている常時連接から意味を取り除
くような，予め存在する強力な連想の陰
影を持ちうる。逆に，常時連接は，定式
化が「包容」しようとした語や理論，他
の定式化を破壊しうる。

　たとえば，ある男性は，あまりに強い
感情を表出しようとしているために，彼
の言語的表出の能力は，吃りや意味のな
い支離滅裂な語の呟きへと解体する。

　記述 3：容器（♀）が内容（♂）から
あまりに多くを抽出する結果，内容は実

質を取り去られる。ある精神分析は，あまりに長く続けられているので，患者はそれから意味をそれ以上得られない。逆の例は，患者にもはや忍耐や我慢，精神的な強さ，支払う金がなくなるまで続けることだろう。容器は，内容「から」あらゆるものを搾り取りうる。逆に，内容の「圧力」によって，容器は解体するかもしれない。一例は，生まれた背景が最終的に失われ，語に意味が失われるまで隠喩として用いられた語であろう（例示は，H. W. ファウラーの『現代英語用法辞典第二版（*Modern English Usage*［2nd edition]）』を参照）。

　記述4。結婚したカップルにとって性的関係♀♂が，他のどんな活動にも携わる**余地**を残さなくするような役割を果たす，結婚。逆に，他の（すなわち「性的以外の」）活動が，性的充足のための**余地**をなくすような役割を果たす（この記述で用いられた隠喩は，外側－内側・容器－内容・♀♂パターンの実例となる）。

1から4の拡張

　記憶は，♀または♂によって表されるかもしれない。そのようにそれを容器♀と見なすと，容器は感覚的な経験に由来する「諸記憶」で満たされる。感覚的な背景が支配的であり，そのような背景を持つ「諸記憶」は，執拗である。だから♀である記憶は飽和される。だから記憶を

質を取り去られる。ある精神分析は，あまりに長く続けられているので，患者はそれから意味をそれ以上得られない。逆の例は，患者にもはや忍耐や我慢，精神的な強さ，支払う金がなくなるまで続けることだろう。容器は，内容「から」あらゆるものを搾り取りうるし，内容の「圧力」によって，容器は解体するかもしれない。一例は，背景が失われ語に意味が失われるまで隠喩として用いられた語であろう[*1]。

　記述4：結婚したカップルにとって性的関係♀♂が，他のどんな活動にも携わる**余地**を残さなくするような役割を**果たす**，結婚。逆に，他の（すなわち「性的以外の」）活動が，性的充足のための**余地**をなくすような役割を**果たす**（この記述で用いられた隠喩は，外側－内側・容器－内容・♀♂パターンの実例となる）。

　♀または♂は，記憶を表すかもしれない。容器♀は，感覚的経験に由来する「記憶」で満たされる。感覚的な背景は

---

*1　H. W. ファウラーの『現代英語用法辞典第二版（*Modern English Usage*［2nd edition]）』「隠喩（Metaphor）」2D を参照。

働かせてセッションに臨む分析者は，心
的現象を「観察する」立場にいない。な
ぜならそれらは未知であり，感覚的には
了解されないからである。不安は私たち
みなに知られているが，それに形も匂い
も，色も音もない。だから記憶の突出
は，未知の現象の直観を妨げる。だが，
分析者は言われたことを覚えていないの
か？　覚えているべきではないのか？
と言われるかもしれない。

　もちろん「想起すること」としばしば
呼ばれてきた，精神分析的な作業にとっ
て必須のものがある。しかしこれは私が
記憶と呼んできたものから，はっきりと
区別されなければならない。

　私は（1）夢を想起することあるいは
夢の記憶を持つことと，（2）ある瞬間
には不在で次の瞬間には存在する一つの
全体であるかのように，夢が心の中へと
浮かぶように思われる夢の経験との間
に，区別を設けたい。

　私はこの経験をセッションの情動的現
実の進展の一部であると考えており，そ
れはしばしば記憶と呼ばれるが，想起さ
れた夢や夢を想起する経験から，はっき
りと区別されるべきである。
　確かに私が述べていることは，未知の
語や定式化♂が埋め込まれている意味♀
の，良い例である。なぜなら私が望むの

支配的であり，そのような背景を持つ
「記憶」は，執拗である。♂である記憶
は，それに応じて飽和される。だから記
憶を働かせてセッションに臨む分析者
は，未知の心的現象を「観察する」立場
にいない。なぜならそれらは，感覚的に
は了解されないからである。

　「想起すること」としばしば呼ばれて
きたものがあり，それは精神分析的な作
業にとって必須である。これは私が記憶
と呼んできたものから，はっきりと区別
されなければならない。

　私は（1）夢を想起することあるいは
夢の記憶を持つことと，（2）一つの全
体をなすかのようにまとまって見える，
ある瞬間には不在で，次の瞬間には存在
する夢の経験との間に，区別を設けた
い。

　私はこの経験をセッションの情動的現
実の進展にとって必須であると考えてお
り，それはしばしば記憶と呼ばれるが，
想起する経験から区別されるべきであ
る。記憶においては，時間が不可欠であ
る。時間は，しばしば精神分析にとって
不可欠であると見なされてきた。しかし
ながら，成長過程の中にはそれの役割は

は，私が伝えたい意味を表現するのに，ほとんどの人が適切と見なす言葉を見出すことだからである。

「記憶」という用語を私は，日常会話での意味で用いることにする。それは，精神分析者が精神分析を行なう際には場違いと私が見なすものを表す。患者の近親者はさまざまな記憶を背負っており，彼らはそれによって患者のパーソナリティのかなり信頼できない判事となり，患者の分析者に適さなくなる。

これまでのところ，私は言葉自体の限界の中で現れるこの布置を吟味してきた。私はより複合的な定式化の中でのその現れを詳しく吟味することには，その執拗さの程度を示すため以外には，時間を割かないことにする。

精神分析的状況は，布置の実例を引き起こすと期待されているだろうし，実際にそうする。だがそれは，被分析者と分析者の両者にとって，コミュニケーションの方法を見出すのに困難が生じるだろうと見込まれる状況でもある。

逆に，伝達あるいは表現されるべき情動的経験があり，その中には非常に強いものがあるだろう。だから，われわれはこの主題の中に私が触れている布置の諸例を，そしてそれを扱おうとする精神分

ない。心の進展あるいは成長は破局的であり，無時間的である。

私は「記憶」を日常会話での意味で用いることにする。それは，精神分析者が精神分析を行なう際には場違いなものを表す。患者の近親者はさまざまな記憶を背負っており，彼らはそれによって患者のパーソナリティの信頼できない判事となり，患者の分析者に適さなくなる。

これまでのところ，私は言葉自体の限界の中で現れるこの布置を吟味してきた。より複合的な定式化の中でのその現れは，その執拗さの程度を示す。

精神分析的状況は，布置の実例を提供し引き起こす。それは，被分析者と分析者がコミュニケーションに見出す困難を広める。

伝達あるいは表現されるべき情動的経験があり，その中には非常に強いものがある。だからわれわれはこの主題の中に，そしてそれを扱おうとする精神分析的な手続きの中に，この布置の諸例を見

析的な手続きの中に同じ布置を，見出す
見込みがある。

　こうしてわれわれは，また別の記述に
到達する。

　記述 5。患者は，自分の意味を伝えよ
うとして途方に暮れるか，自分が伝えよ
うと欲する意味は強烈過ぎて，正確に表
出できないだろう。あるいは，定式化は
硬直的過ぎるだろうから，彼には伝えら
れた意味が何の興味も生気も欠けたよう
に感じられる。

　同様に，分析者によって与えられた解
釈は，この例では♂だが，患者が確認の
ためにその解釈を反復するという，外見
上協力的な反応に出会うだろうが，患者
はそれから，圧縮または剥奪によって意
味を取り去る。
　それがどれなのかは，♀と♂の間の結
合が，共存的か共生的か寄生的か次第だ
ろう。

　この点を観察または実証し損なうと，
外面上進歩している分析において，外見
上説明不能な進歩の欠如を生むかもしれ
ない。糸口は，ある瞬間には分析者を♀
にそして被分析者を♂に，その次には役
割を逆転させるという揺れの観察にあ
る。

出す。

　記述 5：患者は，自分の意味を伝えよ
うとして途方に暮れるか，自分が伝えよ
うと欲する意味は強烈過ぎて，正確に表
出できないだろう。あるいは，定式化は
硬直的過ぎるだろうから，彼には伝えら
れた意味が何の興味も生気も欠けたよう
に感じられる。

　同様に，分析者によって与えられた解
釈（♂）は，患者が確認のために反復す
るという外見上協力的な反応に出会うだ
ろう。それは♂から，圧縮または剥奪に
よって意味を取り去る。

　この点を観察または実証し損なうと，
外面上進歩しているが実際には不毛な分
析を生むかもしれない。糸口は，ある瞬
間には分析者を♀にそして被分析者を♂
に，その次には役割を逆転させるという
揺れの観察にある。

このパターンが観察される——言葉や人によって表されて——ときには同時に，共存・共生・寄生のどの結合が働いているのかにも注意されなければならない。

1から5の拡張

分析者は，私が♀と♂の間の関係によって表している出来事の布置に馴染めば馴染むほど，それらを頻繁かつ容易に観察するだろう。

♀と♂の間には違いがあり，それはこれらの二つの表象に近いセッション中の出来事を区別できるようにすると私が願うほど，十分に明確である。

分析者にとって本質的な経験は，この論文を読むことではなく，精神分析においてこれらの定式化に近い現実の出来事を符合させることである。患者と自分自身が頻繁に，「分析の中で」あるいは「過去において」「内部で」「外部で」起こる出来事に言及することに助けられて，これらの記号が関わる現実化を，ますます頻繁に認識することは容易なはずである。

作動している結合がどのカテゴリーにあるかを認識することは，♀または♂の代わりをする出来事の性質を考慮することによって手掛かりが得られなければ，より難しいかもしれない。こうして，ある非常に貪欲な患者は，可能な限り出し

このパターンが観察されるとき，パターンの内部の（共存・共生・寄生の）結合もまた観察されなければならない。

分析者は，♀と♂の布置そしてこれらの二つの表象に近いセッション中の出来事に，馴染めば馴染むほどよい。本質的な経験は，本書を読むことではなく，精神分析においてこれらの定式化に近い現実の出来事を符合させることである。「分析の中で」あるいは「過去において」「内部で」「外部で」起こる出来事への頻繁な言及は，これらの記号が関わる現実化の認識に役立つはずである。

作動している結合のカテゴリーを認識することは，♀や♂の代わりをする出来事の性質を考慮することによって手掛かりが得られなければ，より難しいかもしれない。こうして，ある非常に貪欲な患者は，可能な限り出し惜しみながら，分

惜しみしながら，分析から可能な限り多くを得たいと欲するかもしれない。われわれはこれが，容器が包容された対象を剥奪したり逆に内容が容器を剥奪したりするという，よくある出来事によって姿を現すと予想するべきである。

　患者は，自分では家族に法外な要求をするが，家族のために何かすることには憤慨を示すかもしれない。多くの患者はこの種の行動を示すことが比較的稀だが，中には，多くの機会にかつ驚くほどに示す者がいるかもしれない。それはたとえば，分析者には解釈が非常に正確であることを要求しながら，自分は常習的に支離滅裂な患者のようにである。この種の患者は，実際の出来事を記録する語りによってはうまく記述できない。なぜなら第一に，そのような定式化はどれも，私が記憶を論じるときに挙げた理由から疑わしく，第二に，彼の貪欲さがどのような形をとるか予測できないからである。

　よって，そのような患者やそのような行動パターンを比較的稀に示す患者，この両極のどこかに位置する患者と会っている可能性のある精神分析者は，これらの布置を見過ごさないように，可能な限り広いスペクトラムの観察を可能にする理論の定式化を必要とする。これらの定式化が抽象的過ぎると，それには実体が

析から可能な限り多くを得たいと欲するかもしれない。われわれはこれが，容器が包容された対象を剥奪したり逆に内容が容器を剥奪したりするという，よくある出来事によって姿を現すと予想するべきである。

　患者は，自分では家族に法外な要求をしたが，家族のために何かすることには憤慨を示すかもしれない。多くの患者はこの種の行動を示すことが比較的稀だが，中には，多くの機会にかつ驚くほどに示す者がいるかもしれない。それはたとえば，分析者には解釈が非常に正確であることを要求しながら，自分は常習的に支離滅裂な患者のようにである。この種の患者は，実際の出来事を記録する語りによってはうまく記述できない。なぜなら第一に，そのような定式化はどれも，私が記憶を論じるときに挙げた理由から疑わしく，第二に，彼の貪欲さがどのような形をとるか予測できないからである。

　よって，そのような患者やそのような行動パターンを比較的稀に示す患者，この両極のどこかに位置する患者と会っている可能性のある精神分析者は，これらの布置を見過ごさないように，可能な限り広いスペクトラムの観察を可能にする理論の定式化を必要とする。これらの定式化が抽象的過ぎると，それには実体が

欠ける。

　よって，私はCカテゴリーの記述を用いることでそれに実体を与えるが，それはあまりに大きな連想の陰影を生み出しがちなので，定式化は飽和され，分析者の洞察力を狭める。

　記述1から5の拡張を離れる前に，閉所恐怖・広場恐怖・行動化を布置の出現の実例として見ておくとよいだろう。

　行動化は，通常理解されているように，分析「の中」で起こり，その後分析はそれ自体行動化の一部である。閉所恐怖では患者は，容器の内側にある対象に同一化する。これらの状態における♀♂の布置を理解する能力は，患者のパーソナリティの一つの要素と他の要素の諸関係を明らかにするが，さもなければそれは未知に留まるだろう。

　ある患者は行動化していると言えるとき，分析は，境界が未知である状況の「中に」ある。もしも「行動化」と特徴づけられた振る舞いが分析に持ち込まれるならば，それに患者の閉所恐怖的な症状が伴うことがありうる。

　これらの症状の一貫性は，基底にある布置が認識されなければ探知されないかもしれない。この最後の点は，集団の振

欠ける。

　したがって，私はCカテゴリーの記述を用いることでそれに実体を与えるが，それはあまりに大きな連想の陰影を生み出しがちなので，定式化は飽和され，精神分析者の洞察力を狭める。

　記述1から5は，閉所恐怖・広場恐怖・行動化を布置の実例として含みうる。

　行動化は，通常理解されているように，分析「の中」で起こり，その後分析はそれ自体行動化の一部である。閉所恐怖的‐広場恐怖的な患者は，容器の内側または外側にある対象に同一化する。布置を理解する能力は，患者のパーソナリティ内の諸関係を明らかにするが，さもなければそれは未知に留まるだろう。

　ある患者は行動化していると言えるとき，分析は，境界が未知である状況の「中に」ある。もしも「行動化」と特徴づけられた振る舞いが分析に持ち込まれるならば，それに患者の閉所恐怖的な症状が伴うことがありうる。

　これらの症状の一貫性は，基底にある布置が認識されなければ探知されないかもしれない。この最後の点は，集団の振

る舞いに触れているので，私は次の記述を，歴史に関する定式化とすることにする。私は布置の範囲を広げようと思うので，記述は複雑に見えるだろうが，それが同じ基本的布置を有していることを念頭に置くならば，その複雑さは減少することだろう，たとえ一見するとそうは見えなくても。私が，この記述で新しい考えが提示されているように見えるかもしれないと説明すれば，有益かもしれない。だが，それが新しいか否かは，読者のパーソナリティの機能であって，私の言うことの中に内在していると想定されてはならない。

記述 6。折々，神秘論者や天才人とさまざまに述べられる人が，歴史に現れる。その中には，傑出したパーソナリティとして注目を浴びる者もいるが，存在条件に恵まれず，実質的に全く注目を引かないことになっているに違いない者もいる。同様の運命が，考え（アイデア）にも生じる。

これらの条件についての研究がいずれ実行されるかもしれないが，私はここでは，その存在を定式化することにのみ関心がある。

私が神秘論者や天才に相当すると見なす考えを，私は「救世主的な考え」と呼ぶことにする。救世主的である考えは，その人物が〈救世主〉であるという考え

る舞いに触れているので，私は次の記述を，歴史に関する定式化とすることにする。私は布置の範囲を広げようと思うので，記述は複雑に見えるだろうが，それが同じ基本的布置を有していることを念頭に置くならば，その複雑さは減少することだろう，たとえ一見するとそうは見えなくても。私が，この記述で新しい考えが提示されているように見えるかもしれないと説明すれば，有益かもしれない。だが，それが新しいか否かは，読者のパーソナリティの機能であって，私の言うことの中に内在していると想定されてはならない。

記述 6：この節は主に，神秘論者と集団のモデルの再説と拡張である。神秘論者の中には注目を浴びる者もいるが，条件に恵まれずそうならない者もいる。

同じことが，考えについても言える。私が神秘論者や天才に対応すると思う考えを，私は「救世主的な考え」と呼ぶ。

救世主的である考えは，その人物と混同されるかもしれない。彼は自分が救世主だと信じるかもしれない。私は人物を「神秘論者」と呼び，考えを「救世主的

と混同されるかもしれない。私は人物を「神秘論者」と呼び，考えを「救世主的な考え」と呼ぶ。私は「神秘論者」と「天才」という用語を，交換可能なものとして用いることにする。

　神秘論者は，あらゆる宗教，あらゆる時代，あらゆる場所，科学的討論のあらゆる中心地に現れてきた。そのような人物は「救世主的な考え」を「包容」しているか，「救世主的な考え」が〈救世主〉を受肉か表現・顕在化していることを求められる人物を「包容」しているかもしれない。それは，意味がそれを表現する言葉を「包容」すると感じられる仕方に似ている。（1から4の拡張および記述2を参照。）

　神秘論者が現れる社会は，ニーチェによって，天才を産出することを機能とする団体として記述されてきた。私はこの見解を，私の定式化の一部として採用することにする。だが私は，神秘論的または救世主的な考えを集団の構成員たちに利用可能にすることもまた，社会の機能と見なす。これは（社会では）法律，（宗教では）教義，（数学や科学では）規則または法則によってなされる。社会を統轄する団体を，私は〈体制〉と呼ぶ。思考の領域でこれに相当するものは，予め存在する性向すなわち前概念作用であろう。

な考え」と呼ぶ。「神秘論者」と「天才」という用語は，交換可能である。

　神秘論者はどのような宗教・科学・時間・場所にも現れる。そのような人物は「救世主的な考え」を「包容」しているか，「救世主的な考え」が救世主を受肉か表現・顕在化していることを求められる人物を「包容」しているかもしれない。それは，意味がそれを表現する言葉を「包容」すると感じられる仕方に似ている。

　神秘論者が現れる社会は，ニーチェによって，天才を産出することを機能とする団体として記述されてきた。神秘論的または救世主的な考えを集団の構成員たちに利用可能にすることもまた，社会の機能である。これは（社会では）法律，（宗教では）教義，（数学や科学では）規則または法則によって遂行される。社会を統轄する団体を，私は〈体制〉と呼ぶ。思考の領域でこれに相当するものは，予め存在する性向すなわち前概念作用であろう。

神秘論者は，〈神〉と直接の接触をする，すなわち——何人かのキリスト教神秘論者（その一人であるマイスター・エックハルトについては，後でまた言及する）のように——一つとなる。これは，集団の通常の構成員には不可能である。このゆえに〈体制〉は，独断的に宣告し，法律や規則を作る必要があり，それによって，〈神〉や究極的な真実や現実との神秘論者による霊交（communion）の利点は，いわば，一段隔たったところで通常の構成員と共有されるかもしれない。

〈体制〉はこのことに失敗するかもしれないが，それは誤った見解の促進に至る弁別力の欠如のためか，神秘論者と集団，♂と♀の間に寄生的な結合を設ける既存の枠組みに，硬直的に固執することによってである。すると神秘論的または救世主的な考えから生命が搾り取られるか，社会が混乱させられる。これは受けて私は，破局的変化と私の次の記述に向かう。

記述 7。神秘論者と彼の集団の間の葛藤は，イエスと彼の集団との関係の説明の中に，最も誇張され故に最も研究しやすい形で示されている。彼自身は，多くの神秘論者に典型的な仕方で，自分の教えが既存の〈体制〉と一致していると主張した。「私が律法や預言者を破壊しに

神秘論者は，〈神〉と直接の接触をする，すなわち「一つ」となる。この能力は，集団の通常の構成員には賦与されていない。〈体制〉は独断的に宣告し，法律や規則を作らなければならず，その結果，〈神〉や究極的な真実や現実との神秘論者による霊交（communion）の利点が，一段隔たったところで通常の構成員と共有されるかもしれない。

〈体制〉はこのことに，弁別力の欠如のために失敗して，誤った見解の促進に至るかもしれないし，既存の枠組みに硬直的に固執することによって失敗するかもしれない。その結果，神秘論者と集団，♂と♀の間には，寄生的な結合が設けられる。すると神秘論的または救世主的な考えから生命が搾り取られるか，社会が混乱させられる。

記述 7：神秘論者と彼の集団の間の葛藤は，イエスと彼の集団との関係の説明の中に，最も誇張され故に最も研究しやすい形で示されている。彼自身は，多くの神秘論者に典型的な仕方で，自分の教えが既存の〈体制〉と一致していると主張した。「私が律法や預言者を破壊しに

来たと考えてはならない。私は破壊のためではなく，成就するために来るものである」（マタイ伝5：17）。

この主張はしばしば，集団に内部から影響を加えつつある破壊的な力に気づくことに関連している。

これは，アラリックによるローマの略奪がキリスト教徒とその教義の悪しき影響のせいにされたときに，聖アウグスチヌスが4世紀後に『神の国』の中で，反論する必要を感じた非難である。

神秘論者は，いつも集団に従うと主張はしない。彼は内部や外部からの破壊者を装って現れるかもしれない。彼は平和的な意向や方法を主張しない。

自分自身が作り出した共同体を分裂させる虚無的な神秘論者と，暴力的な方法を，特に彼自身の集団に対するものを避けるように見える創造的な神秘論者との間を区別することは，可能であろう。われわれは，これらの主張で悩む必要はない。なぜなら私は，神秘論者の破壊的性質を強調したいからである。それは彼が，自分のことを破壊的だと主張するかしないかに関わりはない。というのは，この破壊的性質にこそ，神秘論者に対する集団の敵意が結び付いているからであり，その逆も同様だからである。その上，それは私がこの記述で強調したい性

来たと考えてはならない。私は破壊のためではなく，成就するために来るものである」（マタイ伝5：17）。

この主張はしばしば，集団に内部から影響を加えつつある破壊的な力に気づくことに関連している。

神秘論者は，いつも集団に従うと主張はしない。彼は内部や外部からの破壊者を装って現れるかもしれない。彼は平和的な意向や方法を主張しない。

虚無的な神秘論者すなわち共同体を分裂させる者と，創造的な神秘論者すなわち暴力的な方法を，特に彼自身の集団に対するものを否定する者との間が，区別されることがある。私は，神秘論者の破壊的性質を強調したい。それは彼が，自分のことを破壊的だと主張するかしないかに関わりはない。というのは，この破壊的性質にこそ，神秘論者に対する集団の敵意が結び付いているからであり，その逆も同様だからである。その上，それは私がこの記述で強調したい性質である。

質である。

　〈体制〉の反応は，その破壊を予防することであり，〈体制〉はこれを，以下のように行なう。〈体制〉は，神秘論者が跡形もなく埋没するように，栄誉を授けることができる。このことは聖書の例示では，［悪魔がイエスに対して行なった］荒野の誘惑によって表現されており，そこでは同調することの報酬が，明確に述べられている。同調は，救世主的な考えを放棄することや，救世主の役割を受け入れることでありうる。もう一つの可能性は，神秘論者は破壊されうるし，彼の考えも同じ運命に従うことを確実にしようと試みられる。

　ユダヤ律法管理者の失敗は，この集団に悲惨な結果を招いた。

　封じ込め〔containment 包容〕——私はこの語を，一つの力が他を封じ込めるという軍事的な意味を含めて用いる——の機能は，集団の中の分裂した派閥によって引き受けられなければならなかった。その一つは表向きではイエスに逆らい，もう一つは支持していた。次第に新鮮な集団が形成され，新鮮な〈体制〉が神秘論者あるいはむしろ救世主的な考えを封じ込めるために形成された。ユダヤ教徒の集団は，それ自身への災いが少ないように神秘論者を取り扱うことを学んだ。キリスト教徒の集団は，問題の別の

　〈体制〉の反応は，その破壊を予防することであり，〈体制〉はこれを，神秘論者をそれ自身の内部に体内化することによって行なう。このことは聖書の例示では，［悪魔がイエスに対して行なった］荒野の誘惑によって表現されており，そこでは同調することの報酬が，明確に述べられている。同調は，救世主的な考えを放棄することや，救世主の役割を受け入れることでありうる。もう一つの可能性は，神秘論者は破壊されうるし，彼の考えも同じ運命に従うことを確実にしようと試みられる。

　封じ込め〔containment 包容〕——私はこの語を，一つの力が他を封じ込めるという軍事的な意味を含めて用いる——の機能は，集団の中の分裂した派閥によって引き受けられなければならなかった。その一つは表向きではイエスに逆らい，もう一つは支持していた。次第に新鮮な集団が形成され，新鮮な〈体制〉が神秘論者あるいはむしろ救世主的な考えを封じ込めるために形成された。ユダヤ教徒の集団は，それ自身への災いが少ないように神秘論者を取り扱うことを学んだ。キリスト教徒の集団は，問題の別の

解決法を見出したが，同じような満足の
いく結果を達成した。どちらのシステム
も，問題の再発を免れなかった。あるキ
リスト教の〈体制〉は，異教徒信仰の祭
を引き継いで，破壊的な構造を再建しそ
の連続性を保証した。そのようにして，
さもなければ愛され価値を与えられてい
た休日と宴の喪失に続いたかもしれない
敵意を和らげた。

　この主題は，神々が装いを新たにさ
れ，聖人たちや悪魔たちとして若返り，
より大きく明るい異教徒信仰と言うこと
もできただろう（ミルトンはこれを，
『失楽園』の第一部と第三部の中の，〈地
獄 Pandemonium〉の表現において非常
に明確に表している）。

　キリスト教の〈体制〉の諸問題は，キ
リストの存命中にさえ展開した。最初の
ものは，集団の境界の明確化・選抜と訓
練・聖職位階制の安定化だった。

　最後の点を先に取り上げよう。マルコ
による福音書の第 10 章 V，35-45 の説
明の中で，問題はヤコブとヨハネの地位
の要求によって明確に立てられた。答え
の中でイエスは，イニシエーションまた
は試練の一種を示唆しているように見え
る。だが，二人が条件を受け入れる積極
性によって，何がイニシエーションだっ
たかを知ることは難しくなっている。

解決法を見出したが，同じような満足の
いく結果を達成した。どちらのシステム
も，問題の再発を免れなかった。あるキ
リスト教の〈体制〉は，異教徒信仰の祭
を引き継いで，破壊的な構造を再建しそ
の連続性を保証した。そのようにして，
さもなければ愛され価値を与えられてい
た休日と宴の喪失に続いたかもしれない
敵意を和らげた。

　この主題は，より大きく明るい異教徒
信仰と言うこともできただろう。そこで
は神々は装いを新たにされ，聖人たちや
悪魔たちとして若返っている（ミルトン
はこれを，『失楽園』の第一部と第三部
の中の，〈地獄 Pandemonium〉の表現に
おいて非常に明確に表している）。

　キリスト教の〈体制〉の諸問題は，キ
リストの存命中に展開した。それらは，
集団の境界の明確化・選抜と訓練・聖職
位階制の安定化だった。

　最後の点を先に取り上げよう。マルコ
による福音書（10：35-45）の説明の中
で，問題はヤコブとヨハネの地位の要求
によって明確に立てられた。答えの中で
イエスは，イニシエーションまたは試練
の一種を示唆しているように見える。だ
が，二人が条件を受け入れる積極性に
よって，何がイニシエーションだったか
を知ることは難しくなっている。もっと

もっとも，イエスが彼らにはそれを行なえないと見なしていたことは明らかである。彼は，当時の非ユダヤ教徒の中に存在していた〈体制〉の，機能における変化も素描している。ヤコブとヨハネによる申し出は，地位に対してのように見え，地位は資格の代用物であるように見える。肝要なのは，彼らの欲望がいわば「職権上」（ex officio）満たされることになったことである。

　ヤコブによる答えは，**職権上**達成された「立場」が，神秘論者自身の経験をすることの代わりに，その二人が生み出したものであることを示すようである。この点で，拒絶された解決は，社会の要請の一つ，すなわち神秘論者の仕事の成果を，神格と一つになるための神秘論者の資格を持たない，通常の構成員に利用できるようにすることを満たしている。

　その集団の成員資格の問題と，自分をキリスト教徒と呼ぶかどうかをどのように決めるかという問題もまた，早期から現れた。特徴的なのは，それがキリスト教徒であることと彼のキリスト教信者の印が治療的に有効かというの問いにかかっていたことである。その問題は，集団の成員の資格を持っていない人が一見高い治療効果を出していたことによって危機に達した（マルコ 9：38）。

も，イエスが彼らにはそれを行なえないと見なしていたことは明らかである。彼は，当時の非ユダヤ教徒の中に存在していた〈体制〉の，機能における変化も素描している。ヤコブとヨハネによる申し出は，地位に対してのように見え，地位は資格の代用物であるように見える。彼らの欲望は，いわば**職権上**（ex officio）満たされることになった。

　ヤコブによる答えは，**職権上**達成された「立場」が，神秘論者自身の経験をすることの代わりに，その二人に選ばれたことを示すようである。この点で，拒絶された解決は，社会の要請の一つ，すなわち神秘論者の仕事の成果を，神格と一つ‐になるための神秘論者の資格を持たない，通常の構成員に利用できるようにすることを満たしている。

　その集団の成員資格の問題と，自分をキリスト教徒[*2]と呼ぶかどうかをどのように決めるかという問題もまた，早期から現れた。特徴的なのは，それがキリスト教徒であることと彼のキリスト教信者の印が治療的に有効かというの問いにかかっていたことである。その問題は，集団の成員の資格を持っていない人が一

＊2　近代イスラエル国家は，誰がユダヤ人であるかないかを決定するという同一の問題にぶつかっている。

見高い治療効果を出していたことによって危機に達した（マルコ9：38）。

引用した例では，イエスが提案した基準は，治癒の成功とそれを治療者がイエスのおかげとすることのように見える。そこに含まれているのは，それ自体が地位の象徴である集団の成員資格・地位——「汝の名において」という言い回しによって表現される治療主体として・集団の成員資格の基準としての治療的か結果という争点である。その解決は経験的だったが，それは治療的有効性という基準を受け入れた。当面のところ，成員資格の試練は，医学的あるいは治療的であることと，結果を得る能力という二重のように見える。後者の要件は，歴史を通じていつも悪夢のようなものだったようである。それは，集団の指導者は（1）将来を予言することができる，（2）既に適切と想定されている誰かに効力を授与する，（3）効力を将来のあらゆる不測の事態において保証できるべきである，という要求として記述されるかもしれない。

キリスト教の聖職位階性はすぐに，ユダヤ律法管理者を打ち負かしたのと同じ問題に直面していることを見出した。そこには，同じ力が含まれていた。すなわち一方では救世主的な考えを制御してそれを教義の定式化を通じて普通の人々に

引用した例では，イエスが提案した基準は，治癒の成功とそれを治療者がイエスのおかげとすることのように見える。そこに含まれているのは，それ自体が地位の象徴である集団の成員資格・地位，治療「汝の名において」という言い回しによって表現される主体として・集団の成員資格の基準としての治療的な結果という争点である。その解決は経験的だったが，それは治療的有効性という基準を受け入れた。当面のところ，成員資格の試練は，医学的あるいは治療的であることと，結果を得る能力という二重のように見える。後者の要件は，歴史を通じて問題となってきた。それは，集団の指導者は将来を見越して備えたり，既に適切と想定される誰かに効力を授与したり，自分の効力を将来の不測の事態において保証したりできるべきである，という要求として記述されるかもしれない。

キリスト教の聖職位階性はすぐに，ユダヤ律法管理者を打ち負かしたのと同じ問題に直面していることを見出した。そこには，同じ力が含まれていた。すなわち一方では，救世主的な考えを制御してそれを教義の定式化を通じて普通の人々

利用可能なようにする必要性があり，もう一方では救世主的な考えやその受肉／顕現は，それを制御しようとする障壁を永続的に打破し，それが顕在化した社会を破壊しようと脅かした。〈［宗教］改革〉は，これの壮大な例だったが，多くのそのようなものの一つに過ぎない（ノックス（Knox）『宗教的熱狂（*Enthusiasm*）』参照）。

6 と 7 の拡張

　私は私の記述 6 と 7 に対して，誰にでも親しみのある素材を用いてきた。さまざまな形で何度も繰り返されてきた布置に対してである。それは宗教団体や治療団体・芸術団体・科学団体に限定されず——私の限られた経験から言える限りでは——あらゆる団体で認められる。

　しかしながら私の意図は，多様な集団のその性質について何か意見を述べることではない。私は読者に，私が歴史を記述していると主張しているのではなく，あるパターンを絵画的な C カテゴリーの言葉で定式化しようとしていることを，念押ししなければならない。

　それはすなわち，抽象物の意味のない精錬に見えかねない考えに実体を与える言葉で布置を表現することである。当然ながら私はその布置とそれが属していると思われるその基底にある集団とを認識

に利用可能なようにする必要性があり，もう一方では，救世主的な考えやその受肉／顕現は，それを制御しようとする障壁を永続的に打破し，それが顕在化した社会を破壊しようと脅かした。〈［宗教］改革〉は，これの壮大な例だった（Knox, 1950）。

　私は記述 6 と 7 に対して，誰にでも親しみのある素材を用いてきた。さまざまな形で何度も繰り返されてきた布置に対してである。それは宗教団体や治療団体・芸術団体・科学団体に限定されず，数多くの団体で認められる。

　しかしながら私の意図は，多様な集団のその性質について何か意見を述べることではない。私は歴史を記述していると主張しているのではなく，あるパターンを絵画的な C カテゴリーの言葉で定式化しようとしている。

　……それはすなわち，抽象物の意味のない精錬に見えかねない考えに実体を与える言葉で布置を表現することである。当然ながら，私はその布置とそれが属していると思われるその基底にある集団と

することが，精神分析者以外の人のためになるだろうと仮定している。しかしここでは，私は単に分析者として，他の分析者が識別するかもしれないその布置に関わっている。だから記述6と7は，社会学的あるいは政治的な適用があると想定されてはならず，寓話か神話的構成物（Cカテゴリー）のつもりであると考えられなければならない。それはより正確かつ洗練されて定式化されれば，人間のパーソナリティが近いと見出されるであろうあるパターンを表現する。その寓話は，集団に関して構成されているが，人間の内的世界の絵画化として見なされなければならない。

クライン派の理論に親しみのある者にとっては，私の記述は，人間のパーソナリティの劇化・擬人化・社会化・絵画化した表現と見なされうる。この絵画的な見方を古典的分析による公認の形態研究と対比することは，私の手続きを明確化するかもしれない。

自我・超自我・エスに関して定式化された理論は，二つの点で異なる。第一に，それはFカテゴリーの定式化だが，私が言葉で表している絵画化された定式化は，Cカテゴリーの定式化である——原始的で感覚に由来する用語法に基づいている。第二に，それは理論であり，そ

を認識することが，精神分析者以外の人のためになるだろうと仮定している。しかしここでは，私は単に分析者として，他の分析者が識別するかもしれないその布置に関わっている。だから記述6と7は，社会学的あるいは政治的な適用があると想定されてはならず，寓話か神話的構成物（Cカテゴリー）のつもりであると考えられなければならない。それはより正確かつ洗練されて定式化されれば，人間のパーソナリティが近いと見出されるであろうあるパターンを表現する。その寓話は，集団に関して構成されているが，人間の内的世界（Money-Kyrle, 1961）の絵画化として見なされなければならない。

クライン派の理論に親しみのある者にとっては，私の記述は，人間のパーソナリティの劇化・擬人化・社会化・絵画化した表現と見なされうる。この絵画的な見方を古典的分析による公認の形態研究と対比することは，この手続きを明確化するかもしれない。

自我・超自我・エスに関して定式化された理論は，二つの点で異なる。第一に，それはFカテゴリーの定式化だが，私が言葉で表している絵画化された定式化は，Cカテゴリーの定式化であり，原始的で感覚に由来する用語法に基づいている。第二に，それは理論であり，その

の理論が近似する現実化は，精神病理学と精神形態学において見出されることになっている。Cカテゴリーの定式化に近い現実化は，表層的で意識に容易に接近できる素材の中に見出されることになっている。その無意識的な根は，精神分析的な探究を通じて発見されることになっている。

救世主的な考え

　救世主的な考えの性質は，私が用いてきたCカテゴリーの定式化によって，ごく近似的にしか表現されることができない。イエスに加えて，私はマイスター・エックハルトとイツハク・ルリアについて語ることにする。彼らは，それぞれ異なる仕方で，救世主的な考えと〈体制〉を調停する問題を表している。

　ユダヤ律法管理者は慎重さを学んだらしいので，ルリアの教義と，その教義がユダヤ教に与えたと反対派たちから言われた損害に適応しなければならなかったとき，それは爆発の一因にはならなかった。ルリアの方では，自分は保守主義だと主張し，自分の述べたことすべてをより古い権威へと結び付けた。

　意味深長なことに彼は著作を残さず，自分の教えを書物の形でまとめない理由を弟子に尋ねられたとき，こう答えた。「すべての事柄は互いに絡み合っている

理論が近似する現実化は，精神病理学と精神形態学において見出されることになっている。Cカテゴリーの定式化に近い現実化は，表層的で意識に容易に接近できる素材の中に見出されることになっている。その無意識的な根は，精神分析的な探究を通じて発見されることになっている。

　救世主的な考えの性質は，私が用いてきたCカテゴリーの定式化によって，ごく近似的にしか表現されることができない。イエス，マイスター・エックハルト，イツハク・ルリアは，それぞれ異なる仕方で，救世主的な考えと〈体制〉を調停する問題を表している。

　ユダヤ律法管理者は慎重さを学んだので，ルリアの教義と，その教義がユダヤ教に与えたと反対派たちから言われた損害に適応しなければならなかったとき，それは爆発の一因にはならなかった。ルリアの方では，自分は保守主義だと主張し，自分の述べたことすべてをより古い権威へと結び付けた。

　意味深長なことに，彼は著作を残さず，自分の教えを書物の形でまとめない理由を弟子に尋ねられたとき，こう答えた。「すべての事柄は互いに絡み合って

から，それは不可能なことだ。私は，海が堰を決壊させ洪水を起こすかのように感じずに口を開いて語ることは，ほとんどできない。それで私はどうやって私の魂が受け取ったことを表現できようか，そして本の中に書き留められようか」[*3]。マイスター・エックハルトは大量に書いたが，彼の著作の曖昧さとおそらくその主題は，彼の後期の著作からの28個の命題について，異端説であるという非難を招いた。

　主な問いは，神格との同一性についての，彼のあけすけな諸命題に集中しているように見える――「われわれは〈神〉へと変形され変化する」[*4]。
　イエス自身の運命は，一方では犯罪人として磔されることであり，もう一方では神格化されることだった。イッハク・ルリアとイエスは，ともに聖人伝的な伝記の急増が後に続いた点で似ていた。イエスの場合，そのほとんどが正典には含まれていない。
　この話題を追求することは私の現在の〔prevent を present に修正〕目的にとって必要なことではないが，R. A. ノックス

いるから，それは不可能なことだ。私は，海が堰を決壊させ洪水を起こすかのように感じずに口を開いて語ることは，ほとんどできない。それで私はどうやって私の魂が受け取ったことを表現できようか，そして本の中に書き留められようか」(Scholem, 1955, p. 254)。マイスター・エックハルトは大量に書いたが，彼の著作の曖昧さとおそらくその主題は，彼の後期の著作からの28個の命題について，異端説であるという非難を招いた。

　主な問いは，神格との同一性についての，彼のあけすけな諸命題に集中しているように見える――「われわれは〈神〉へと変形され変化する」。イエス自身の運命は，一方では犯罪人として磔されることであり，もう一方では神格化されることだった。イッハク・ルリアとイエスは，ともに聖人伝的な伝記の急増が後に続いた点で似ていた。イエスの場合，そのほとんどが正典には含まれていない。

---

*3　G. ショーレム『ユダヤ神秘主義の主要潮流』テームズ＆ハドソン，1955, p. 254（G. Scholem, *Major Trends in Jewish Mysticism*. Thames and Hudson.）

*4　コープルストン司祭『哲学の歴史』第6巻（J. Copleston, *History of Philosophy*, Vol. VI）p. 193 参照。

（R. A. Knox）『宗教的熱狂』（オックスフォード大学出版局）に詳しく見ることができる。

　共通する特徴は，救世主的な考えの個人の内への封じ込め／包容，救世主的な個人の集団の内への封じ込め／包容と，集団に関わる一方で救世主的な考えと個人に関わる，〈体制〉にとっての問題。ここでその語に戻ることが必要である。

　記述 2（第二循環）。記述 6 と 7 を一語で表すことが必要ならば，「宗教」や「キリスト教」「神」のような用語から選ぶことができるだろう。そのどれもが適切ではないと考えられるならば，内省によって適切な用語を見出そうと試みることができるだろう。この試みは，存在すると想定されるその用語を心の中に探すことか，意味の中でその用語を探すことかである。後者は，意味が語を包容している例である。

　その語を見出すことに伴う困難は，数学的公式を求めたポアンカレによって使われた用語や，上記に引用した一節でルリアによる用語で記述されている。

　その問題のより良い考えは，「言明」という用語で「語」の代用とし，その定

　共通する特徴は，以下のものである。救世主的な考えの個人の内への封じ込め／包容，救世主的な個人の集団の内への封じ込め／包容，集団に関わる一方で救世主的な考えと個人に関わる，〈体制〉にとっての問題。ここでその語に戻ることが必要である。

　記述 2（第二循環）：記述 6 と 7 を一語で表すことが必要ならば，「宗教」や「キリスト教」「神」のような用語から選ぶことができるだろう。そのどれもが適切ではないと考えられるならば，内省によって適切な用語を見出そうと試みることができるだろう。この試みは，存在すると想定されるその用語を心の中に探すことか，意味の中でその用語を探すことかである。後者は，意味が語を包容している例である。

　その語を見出すことに伴う困難は，数学的公式を求めたポアンカレによって使われた用語や，上記に引用した一節でルリアによる用語で記述されている（115頁）。

　その問題のより良い考えは，「言明」という用語で「語」の代用とし，その定

義の中に任意のあらゆる表現行為を含めることによって得られる。Cカテゴリーの用語では，問題は素材の塊の中に自分の形を見出す彫刻家・自分の聴く音の中に記譜法の一定の方式を見出す音楽家・自分の考えを表す行為を見出す行動家の問題に類比される。

この論議の特異性の一つは，それ自体が論議されている問題の例であるということにある。それは，精神分析的な現実化が近似する言語的定式化を見出す試みである。私はこの問題を，次のように述べ直す。精神分析すなわち物自体は存在した。そこに埋もれた定式化を暴くことは，フロイトに残されていた。反対に，一度フロイトによって定式化されると，彼の定式化によって拘束された連接の意味を発見することは，他の者たち（フロイト自身も含めて）の役目である。

思考者を必須であると想定せずに，「思考作用」を仮定する必要がある。私は，現時点でそれがなぜかを説明しようとはしないことにする。あらゆる思考作用と思考は，思考者が存在しないときに真である。これと対照的に，嘘と虚偽にとって，思考者は絶対に必要である。思考者が現前する状況ではどれであれ，思考は定式化されたとき，虚偽と嘘の表現である。唯一真の思考は，かつてそれを「包容」する個人を見出したことのない

義の中に任意のあらゆる表現行為を含めることによって得られる。Cカテゴリーの用語では，問題は素材の塊の中に自分の形を見出す彫刻家・自分の聴く音の中に記譜法の一定の方式を見出す音楽家・自分の考えを表す行為を見出す行動家の問題に類比される。

この論議の特異性の一つは，それ自体が論議されている問題の例であるということにある。それは，精神分析的な現実化が近似する言語的定式化を見出す試みである。私はこの問題を，次のように述べ直す。精神分析すなわち物自体は存在した。そこに埋もれた定式化を暴くことは，フロイトに残されていた。反対に，一度フロイトによって定式化されると，彼の定式化によって拘束された連接の意味を発見することは，他の者たち（フロイト自身も含めて）の役目である。

思考者を必須であると想定せずに，「思考作用」を仮定する必要がある。私は，現時点でそれがなぜかを説明しようとはしないことにする。あらゆる思考作用と思考は，思考者が存在しないときに真である。これと対照的に，嘘と虚偽にとって，思考者は絶対に必要である。思考者が現前する状況ではどれであれ，思考は定式化されたとき，虚偽と嘘の表現である。唯一真の思考は，かつてそれを「包容」する個人を見出したことのない

ものである。

　救世主的な考えは，それに対応するも
の，すなわち絶対的な真実を持つと想定
されるかもしれない。それに思考者は必
要ではない。私はそれを，〇という記号
で表す。

　虚偽は，個人の内部にある思考や容器
の内部にある思考の特徴である。結果と
して，通常に知られている思考すなわち
人間の属性としての思考はすべて虚偽で
あり，それに伴う問題は，虚偽性の程度
と性質である。嘘は，「道徳」に付随し
た虚偽である。

　救世主的な考えは，〇の進展と思考者
の進展とが交差する点における〇を表
現する用語である。神秘論者は，記述6
と7に見られるように，〇と直接触れる
能力を主張する思考者である。虚偽性の
程度は，〇との関係が共存的・共生的・
寄生的のいずれであるかに依拠する。

共存的。思考〇と思考者は，互いに

ものである。

　救世主的な考えは，それに対応するも
の，すなわち絶対的な真実，〇を持つと
想定されるかもしれない。思考者は，〇
にとって必要ではない。

　虚偽は，個人の内部にある思考や容器
の内部にある思考の特徴である。結果と
して，通常に知られている思考すなわち
人間の属性としての思考はすべて虚偽で
あり，それに伴う問題は，虚偽性の程度
と性質である。嘘は，「道徳」に付随し
た虚偽である。

　救世主的な考えは，〇の進展と思考者
の進展とが交差する点における〇を表
現する用語である。神秘論者は，記述6
と7に見られるように，〇と直接触れる
能力を主張する思考者である。虚偽性の
程度は，〇との関係が共存的・共生的・
寄生的のいずれであるかに依拠する。
　抵抗の強い患者が，思考者を求めてい
る思考と感じられるものに対して反応し
ている可能性があることは，十分に認識
されていない。それは彼自身の思考であ
るとされている（古典的な抵抗理論）
が，そうでなければならないことはな
い。

　思考〇と思考者は，互いに独立して

完全に独立して存在する。そこに反応は
ない。あるいはわれわれが――思考者に
同一化して――控えめに言うべきである
ように，真実は「実在する」がまだ発見
されていない。

　共生状態。思考と思考者は対応し，そ
の対応を通じて互いに修正し合う。思考
は増殖し，思考者は発達する。

　寄生状態。思考と思考者は対応する
が，その対応はカテゴリー2である。す
なわちその定式化は，虚偽と知られてい
るが，ある真実に対する障壁として保持
されている。その真実が恐れられている
のは，容器を破滅させるか，**その逆**のた
めである。虚偽は増殖し，嘘にまでな
る。嘘という障壁は真実の必要性を増加
させ，**その逆**も起こる。

　共存的な位置は，思考と思考者が接近
するとき変化する。より普通の用語で言
えば，「発見」が差し迫っているとき，
危機的な状況が生じる。一般に言われるの
は，救世主的な期待がイエスの誕生時に
通常よりも活発だったことであり，ある
発見がなされるときにはしばしば複数の
探究者が発見に接近していると思われる
ことは，注目に値する。思考されていな
い思考への思考者の抵抗は，カテゴリー
2の思考作用の特徴である。決定的な問
題は，救世主的な考えとそれを「包容」

存在する。そこに反応はない。あるいは
われわれが思考者に同一化して控えめに
言うべきであるように，真実は「実在す
る」がまだ発見されていない。

　共生状態では，思考と思考者は対応
し，その対応を通じて互いに修正し合
う。思考は増殖し，思考者は発達する。

　思考と思考者の間の寄生的な関係で
は，対応はあるがその対応はカテゴリー
2である。すなわちその定式化は，虚偽
と知られているが，真実に対する障壁と
して保持されている。その真実が恐れら
れているのは，容器を破滅させるか，そ
の逆のためである。虚偽は増殖し，嘘に
までなる。嘘という障壁は真実の必要性
を増加させ，その逆も起こる。

　共存的な位置は，思考と思考者が接近
するとき変化する。より普通の用語で言
えば，「発見」が差し迫っているとき，
危機的な状況が生じる。一般に言われるの
は，救世主的な期待がイエスの誕生時に
通常よりも活発だったことであり，ある
発見がなされるときにはしばしば複数の
探究者が発見に接近していると思われる
ことは，注目に値する。思考されていな
い思考への思考者の抵抗は，カテゴリー
2の思考作用の特徴である。決定的な問
題は，救世主的な考えとそれを「包容」

するパーソナリティの相対的な強さであるように見える。だからわれわれは，パーソナリティについて改めて考察しなければならない。そのために，私は記述6と7を，集団ではなく個人の全体性を構成する諸部分の絵画的表現（Cカテゴリー）として用いることにする。私は，読者がパーソナリティ構造についての既存の理論を念頭に置いていると仮定している。それらは，これから述べることによって放棄はもちろん修正さえされることになると受け取られてはならない。既存の諸理論は，Fカテゴリーの定式化である。それに対して面接室で生じるのは，進展するOと別の進展するOの交差である情動的な状況である。私が今行なっている記述は，本論文を通じてそうであったように，単独の出来事と一般化されたFカテゴリーの定式化との間の溝を橋渡ししようとするCカテゴリーの定式化である。

記述3（第二循環）：救世主的な考えは，実にさまざまな形態の中に身を包むか，包まれている。

それがどのような形でも採ってはならない理由はないが，形と考えが共生的か共存的な関係を達成することには，大きな困難があるように見える。

だから，私が意味するところを読者に

するパーソナリティの相対的な強さであるように見える。だからわれわれは，パーソナリティについて改めて考察しなければならない。そのために，私は記述6と7を，集団ではなく個人の全体性を構成する諸部分の絵画的表現（Cカテゴリー）として用いることにする。私は，読者がパーソナリティ構造についての既存の理論を念頭に置いていると仮定している。それらは，これから述べることによって放棄はもちろん修正さえされることになると受け取られてはならない。既存の諸理論は，Fカテゴリーの定式化である。それに対して面接室で生じるのは，進展するOと別の進展するOの交差である情動的な状況である。私が今行なっている記述は，本章を通じてそうであったように，単独の出来事と一般化されたFカテゴリーの定式化との間の溝を橋渡ししようとするCカテゴリーの定式化である。

記述3（第二循環）：救世主的な考えは，さまざまな形態の中に身を包む。

それはどのような形を採るにしても，形と考えが共生的か共存的な関係を達成することには，困難があるように見える。

だから，私が意味するところを読者に

伝えられる定式化を見出すことに，私はこの記述で成功しないだろう。せいぜい私は，読者が自らそれを直観するかもしれない場である面接室や他の領域を彼に指し示す印を見出せるくらいである。

同様に私は読者が「治癒」という語が言われるのを聞いたら，それを探し求めて注意深く観察するように指図することはできる。なぜなら，読者はこの語の「内部」に，救世主的な考えを直観できるかもしれないからである。

彼は，自分の注意が肯定的な言葉で自分が記述されている定式化に留まるのを許容するべきである。なぜなら彼はこれらの言明の「内部」に，「包容された」救世主的な考えを直観できるかもしれないからである。言明が外見上，夏期休暇・車・人・状態のどれを表しているように見えようとも──そのうちに彼は次第に救世主的な考えが頻繁に現れるのを直観できるべきであり，その現実性とそれの存在を感じる自分の能力を確信するようになるべきである。

私が読者に「面接室か他の領域を」指し示す印を見出すかもしれないと言ったとき，私は意図的に探究の場を限定して，探究が大きな困難なく行なわれる「容器」を提供しようとしている。このように読者は，言葉で表せないものを比

伝えられる定式化を見出すのは難しいが，私は読者が自らそれを直観するかもしれない場である面接室や集団を，指し示すことができる。

同様に，私は読者が「治癒」という語を聞いたら，それを観察するように指図することはできる。なぜなら，読者はこの語の「内部」に，救世主的な考えを直観できるかもしれないからである。

彼の注意は，肯定的な言葉で自分が記述されている定式化に留まるべきである。なぜなら彼はこれらの言明の「内部」に，「包容された」救世主的な考えを直観できるかもしれないからである。言明が外見上，夏期休暇・車・人・時間上の状態のどれを表しているように見えようとも，読者は次第に救世主的な考えが頻繁に現れるのを直観できるべきであり，その現実性とそれの存在を感じる自分の能力を確信するようになるべきである。

私が読者は面接室か集団を調べればよいと言うとき，私は探究の場を限定して，探究が困難なくまた比較的素早く行なわれる「容器」を提供しようとしている。

較的素早く経験するかもしれない。

それでも，例外的な能力に基づかなければ，心的現実の領域における常時連接の直観を素早く簡単に得られると果たして言えるかどうかは疑わしい。

だから，精神分析者にとって近道はありえないことを，受け入れなければならない。彼は，何年もの経験によって，救世主的な考えを見たときにそれを直観したり，この望みが救世主的な考えを包容する定式化であると認識したりできるようになるのを望むことができる。

救世主的な考えが分析の内部に封じ込められる〔包容される〕，あるいは，記述6と7が個人のパーソナリティのCカテゴリーの言明や定式化として用いられうるという見解は，パーソナリティが♀♂の関係によって表現できること，パーソナリティがある精神分析と♀♂の関係を持つことを示唆する。そのような定式化は，精神分析者が精神分析の過程においてパーソナリティを直観するのを援助するのならば，有用である。パーソナリティは精神分析にとって外的であり，精神分析の中で「伝聞」によってのみ現れている。患者は，救世主的な考えが外部にあることを報告する声と同然となる。

それでも，心的現実の領域における常時連接の直観が，素早く簡単に得られるかどうかは疑わしい。

だから，精神分析者にとって近道はありえない。彼は，経験によって救世主的な考えを直観したり，この望み自体がそれを包容する定式化であると認識したりできるようになるのを望むことができる。

救世主的な考えが分析の内部に封じ込められる〔包容される〕，あるいは，記述6と7が個人のパーソナリティのCカテゴリーの言明や定式化として用いられうるという見解は，パーソナリティが♀♂の関係によって表現できること，パーソナリティがある精神分析と♀♂の関係を持つことを示唆する。そのような定式化は，精神分析者がパーソナリティを直観するのを援助する。それは精神分析にとって外的であり，精神分析の中では「伝聞」によってのみ現れている。患者は，救世主的な考えが外部にあることを報告する声となる。

　私がそれに触れるのは，♀♂関係の典型的な複雑さとしてであり，それは総体として「行動化」と命名された現象との関係において重要である。私はこれらの現象を，ベータ要素と関連づけたい。それは思考固有の領域の外部にあり，被分析者によってなされた C3 カテゴリーの言明によって精神分析の「中」に表現されるので，それに属しているように見える。

　だから精神分析者と被分析者は，行動の領域から締め出され思考の領域の中に，精神分析の手段によって精神分析的な目的を追求する立場にはいないような仕方で，閉じ込められているように見える。では，彼らの精神分析的な目的とは**何である**のか。

　精神分析の実践は，どのような人間の活動の動機も数多くあり複雑であることを示す。それらは，感覚的な欲望の背景に由来する。欲望が一つはっきりと例示された途端に，さらに他の欲望が知られずに隠れていることが明らかである。精神分析的なカップルの目的は，推測によって達せられ，少なくとも被分析者に関しては感覚的経験を表す言葉で定式化される。

　好奇心の対象でさえ，感覚的な背景に適した言葉で定式化される。欲望は，それが言明可能な限りで，感覚的な欲望で

♀♂関係の典型的な複雑さは，「行動化」との関係において重要であり，ベータ要素に関わる。それは思考固有の領域の外部にあるが，被分析者によってなされた C3 カテゴリーの言明によって精神分析の「中」に表現されているので，それに属しているように見える。だからそこで精神分析者と被分析者は，行動の領域から締め出され思考の領域の「中に閉じ込められ」ているように見える。彼らは「精神分析をする」のではなく，「精神分析」で精神分析的に思考することの代用とすることしかできない位置にいる。その思考作用は，解釈——行動の精神分析的な対応物——への序曲である。

　精神分析の実践は，どのような人間の活動の動機も数多くあり複雑であることを示す。それらは，感覚的な欲望の背景に由来する。欲望が一つはっきりと例示された途端に，さらに他の欲望が知られずに隠れていることが明らかである。精神分析的なカップルの目的は，推測によって達せられ，少なくとも被分析者に関しては感覚的経験を表す言葉で定式化される。

　好奇心の対象でさえ，感覚的な背景に適した言葉で定式化される。欲望は，それが言明可能な限りで，感覚的な欲望で

あり感覚的な目的だろう——その主な目的は生を保つことである。

　これらの目的と欲望は例外なく，精神分析とは関連がない。それらは，ユダヤ教ともキリスト教とも関連があると証明されたことがない。それらが未だに，もっと満足のいく定式化によって置き換えられたことがないのは本当である。思考作用が五感に服従すると見なされる限りで，そこに難しさはない。もしも思考作用が一次的な活動であるならば，熟考や黙想の**目的**は実在すると推定される。なぜなら思考作用は，筋肉活動に従属していたその生成史に関連しているからであり，筋肉活動は快原理の支配に一致した目的を持っていると推定される。

　感覚的目的を熟考または黙想する能力の成長に従属させることによって生じた空白が，イエスによって教えを通じて埋められたということはありうる。しかし彼の教えは，私が記述した双子の圧力——すなわち一方では物理的／身体的破壊による無化，もう一方では神聖な栄誉——を被ったので，そのような解決が何だったのか，われわれには分からない。実践ではこの問題は棚上げにされ，思考作用は，身体的生存の手段である感覚的な諸欲望の満足に服従したままである。

　その結果として，精神分析はさまざま

あり感覚的な目的だろう。そしてその主な目的は生を保つことである。

　これらの目的と欲望は例外なく，精神分析とは関連がない。それらは，ユダヤ教ともキリスト教とも関連があると証明されたことがない。それらは未だに，もっと満足のいく定式化によって置き換えられたことがない。思考作用が五感に服従すると見なされる限りで，そこに難しさはない。もしも思考作用が一次的な活動であるならば，熟考や黙想の**目的**は実在すると推定される。なぜなら，思考作用は筋肉活動に従属していたその生成史と結び付くからである。同様に，筋肉活動は快原理の支配に一致した目的を持っていると推定される。

　感覚的目的を熟考または黙想する能力の成長に従属させることによって生じた空白が，イエスによって教えを通じて埋められたということはありうる。しかし彼の教えは，私が記述した双子の圧力すなわち一方では物理的／身体的破壊による無化，もう一方では神聖な栄誉を被ったので，そのような解決が何だったのか，われわれには分からない。実践ではこの問題は棚上げにされ，思考作用は感覚的な諸欲望の満足に服従したままである。

　結果として精神分析は，さまざまな欲

な欲望に従って，分析者と被分析者の両者がそれに賦与する目的を負わされている。目的が行動の領域で求められ，精神分析が思考の領域に閉じ込められているとき，両者は自分の目的を充足することを妨げられている。後者の領域では思考が充足のための唯一の手段である。

　「葛藤」は行動と思考の間にあり，それに相応するもの——記述6と7において——は，聖アウグスチヌスがローマ帝国の衰亡をキリスト教の責任とすることへの反駁の中で表現された葛藤である。

　個人において身体的存続に伴う行動と感覚の満足に対する要求は，心的「活動性」に対する要求と葛藤を生じる。後者は，前者にとって理解できる言葉でそれ自身を正当化できない。前者は，それ自身を後者に対して正当化できない。なぜなら，それの感覚的充足のための装置は，思考の領域に関連性がないからである。

　私は，行動と思考を記述する際，一般に認められた見解を思い出させるために「葛藤」という用語を用いてきた。♀♂を用いる目的は，思考と行動についてするように，互いに排他的な共存状態で思考を包容し行動を包容することによって葛藤を防ぐ，包容のさまざまな状態を区

望に従って，分析者と被分析者の両者がそれに賦与する目的を負わされている。目的が行動の領域で求められ，精神分析が思考の領域に閉じ込められているとき，両者は自分の目的を充足することを妨げられている。後者の領域では思考が充足のための唯一の手段である。

　「葛藤」は行動と思考の間にあり，（記述6と7において）それに相応するものは，聖アウグスチヌスがローマ帝国の衰亡をキリスト教の責任とすることへの反駁の中で表現された葛藤である。

　個人において，身体的存続に伴う行動と感覚的満足に対する要求は，心的「活動性」に対する要求と葛藤を生じる。後者は，前者にとって理解できる言葉でそれ自身を正当化できない。前者は，それ自身を後者に対して正当化できない。なぜなら，それの感覚的充足のための装置は，思考の領域に関連性がないからである。

　私は，行動と思考を記述する際，一般に認められた見解を思い出させるために「葛藤」という用語を用いてきた。♀♂を用いる目的は，思考と行動についてするように，互いに排他的な共存状態で思考を包容し行動を包容することによって葛藤を防ぐ，包容のさまざまな状態を区

別することである。この条件では，思考と行動は互いに修正せず，同一のパーソナリティの中で共存的に存続する。強迫的に見える行動は，実際には行動の領域に閉じ込められそれで思考から隔離されたベータ要素である。そして思考は，思考の領域——それは精神分析を含む——に閉じ込められている。同様に，思考は思考の領域の内部にあり，行動の領域の内部に閉じ込められたベータ要素の影響を受けることはできない。

　本当ではない外見上の例外は，思考の中の C3 要素によって提供される。それらは A カテゴリーを思考の範囲に持ち込むように見えるが，その思考は行動の C カテゴリーの**記録**に過ぎず，そこに葛藤はない。

　思考と行動の領域は，語ることに用いられる筋肉組織がベータ要素に関わっているとき非常に近いので，それらの区別は混同されるようになる。欲求不満への非耐性が思考を行動で代用することに通じるならば，同じ混同が生じる。

　それに伴う思考の万能は，筋肉組織の正しい使用を妨げる。なぜなら効果的でない筋肉行動によって刺激された無力感は，しばしば万能感の生成的な基礎であるからである。一方が活動しているとき，もう一方が存在している。

別することである。この条件では，思考と行動は互いに修正せず，同一のパーソナリティの中で共存的に存続する。強迫的に見える行動は，実際には行動の領域に閉じ込められそれで思考から隔離されたベータ要素である。そして思考は，思考の領域——それは精神分析を含む——に閉じ込められている。同様に，思考は思考の領域の内部にあり，行動の領域の内部に閉じ込められたベータ要素の影響を受けることはできない。

　本当ではない外見上の例外は，思考の中の C3 要素によって提供される。それらは A カテゴリーを思考の範囲に持ち込むように見えるが，その思考は行動の C カテゴリーの**記録**に過ぎず，そこに葛藤はない。

　思考と行動の領域は，語ることに用いられる筋肉組織がベータ要素に関わっているとき非常に近いので，それらの区別は混同されるようになる。欲求不満への非耐性が思考を行動で代用することに通じるならば，同じ混同が生じる。

　それに伴う思考の万能は，筋肉組織の正しい使用を妨げる。なぜなら効果的でない筋肉行動によって刺激された無力感は，しばしば万能感の生成的な基礎であるからである。一方が活動しているとき，もう一方が存在している。

これまでの段落で，私は外側と内側に関連した♀♂の例をいくつか挙げてきた。(1) パーソナリティ，(2) 分析的状況，(3) 行動の領域，(4) 思考の領域。それらの例には，それなしでは実体が欠けるかもしれない定式化に実体を与える点で心理的な価値があるが，それが読者に，自分の実践を考慮に入れて例を得る代わりに，さらに例を期待させたら，悪い使い方である。患者は自分の背景に従って，「自分の心」・「無意識」・「国家」のようなさまざまな対象を容器として，自分の金・考えのようなものを「内容」として記述するだろう。そのような対象は数多いが，関係の数は限られている。

個人はつねに，安定していて一定であるパーソナリティの何らかの側面を持っていることを示す，たとえ不安定さの証拠が逆巻く中で安定性を探知するのは，時には非常に難しいことかもしれなくても。それは，患者がセッションに出席する規則正しさにしか現れないかもしれない。この安定性の中に，私が記述6と7の中で〈体制〉と呼んだものに相応するものが見出されるだろう。それは，救世主的な考えに相応するものを包容する見込みが唯一ある力として，非常に強固に維持されるだろう。逆に救世主的な考えは，個人の中の〈体制〉に相応する部分の圧力に唯一抵抗する見込みのある力で

これまでの段落で，私は外側と内側に関連した♀♂の例をいくつか挙げてきた。それらの例には，それなしでは実体が欠けるかもしれない定式化に実体を与える点で心理的な価値があるが，読者は，自分の実践からさらに例を求めるべきである。患者は自分の背景に従って，自分の心・無意識・国家のようなさまざまな対象を容器として，自分の金・考えのようなものを内容として記述するだろう。そのような対象は数多いが，関係の数は限られている。

個人はつねに，安定していて一定であるパーソナリティの何らかの側面を持っていることを示す，たとえ不安定さの証拠が逆巻く中で安定性を探知するのは，時には非常に難しいことかもしれなくても。それは，患者がセッションに出席する規則正しさにしか現れないかもしれない。この安定性の中に，私が記述6と7の中で〈体制〉と呼んだものに相応するものが見出されるだろう。それは，救世主的な考えに相応するものを包容する見込みが唯一ある力として，非常に強固に維持されるだろう。逆に救世主的な考えは，個人の中の〈体制〉に相応する部分の圧力に唯一抵抗する見込みのある力で

ある。救世主的な考えに誇大妄想的に同一化する恐れは，万能的な〈父〉と一つになれないことに関連している。個人の中の〈体制〉に相応する部分は，父親にも母親にも関連がないが，両者の断片には関わりうる。

♀♂の布置においては，決定は含める（inclusion）か除く（exclusion）かの選択をすることと同義である。こうして精神分析者は，自分の身をさまざまな集団に含めるか，それともそれから除くか，ある患者を自分の実践に含めるか除くか，所与の解釈を含めるか除くか，所与の連想・考え・経験などを含めるか除くか，を決定しなければならない。集団の〈体制〉は，ある個人を含めるか除くかを決定しなければならない。

パーソナリティは，ある特徴を含めるか除くかを決める。それができないときは，その実在についての気づきを含めるか除くかを決める。決定の重荷や決定に対する責任の気づきへの嫌悪は，選択過程の定式化に寄与する。それによって選択は，教義や科学法則のように，判断の代用物や公然と認められた責任の行使に伴う罪悪感に対するスケープゴートとして作用させられる。

私が注意を促してきた布置は，連想の陰影を持っていると見なしうる。その連

ある。救世主的な考えに誇大妄想的に同一化する恐れは，万能的な〈父〉と一つになれないことに関連している。個人の中の〈体制〉に相応する部分は，父親にも母親にも関連がないが，両者の断片には関わりうる。

♀♂の布置においては，決定は含める（inclusion）か除く（exclusion）かの選択をすることと同義である。こうして精神分析者は，自分の身をさまざまな集団に含めるか，それともそれから除くかを決定しなければならない。所与のつながり・考え・経験などを含めるか除くか，ということもである。集団の〈体制〉は，ある個人を含めるか除くかを決定しなければならない。

パーソナリティは，ある特徴を含めるか除くかを決める。それができないときは，その実在についての気づきを含めるか除くかを決める。決定の重荷や決定に対する責任の気づきへの嫌悪は，選択過程の定式化に寄与する。それによって選択は，教義や科学法則のように，判断の代用物や公然と認められた責任の行使に伴う罪悪感に対するスケープゴートとして作用させられる。

私が注意を促してきた布置は，連想の陰影を持っていると見なしうる。その連

想は，それが持ち込まれて影響を与える環境において，解明する機能を保持している。時には，連想が当てる光は，過去の——よって関連性のない——要素を過度に強調し，未知の——よって関連のある——要素の遮断によって歪曲する。布置の一定性が一度認識されれば，その性質を評価し精神分析の理論に結び付けることは可能である。逆に理論は，再調整を必要とするときに再定式化することができる。

　乳房と口・ペニスとヴァギナというCカテゴリー用語による♀♂の原始的定式化は，あらゆるCカテゴリー定式化の単純性を備えている。

　記述6と7はより複合的に見えるけれども，それらもまたCカテゴリー定式化すべての特徴を共有している。どちらも，妄想分裂ポジションと抑鬱ポジションの相互作用というクライン派の理論が表現する布置とは異なるように見える。私はこの外見上の断裂をあまり受け入れたくない。だが私は，その基底にある調和を示すような満足のいく定式化は，何も提案できない。

　その発見への接近法は，創造的な統合の破壊的な効果を探究することにあるのかもしれない。あるいは，Cカテゴリーの用語で言えば，神秘論者と彼の集団の

想は，それが持ち込まれて影響を与える環境において，解明する機能を保持している。時には，連想が当てる光は，関連性のない過去を過度に強調し，未知の（よって関連のある）現在と未来を遮ることによって歪曲する。布置の一定性が一度認識されれば，その性質を評価し精神分析の理論に結び付けることは可能である。逆に理論は，再調整を必要とするときに再定式化することができる。

　乳房と口・ペニスとヴァギナというCカテゴリー用語による♀♂の原始的定式化は，あらゆるCカテゴリー定式化の単純性を備えている。

　記述6と7はより複合的に見えるけれども，それらもまたCカテゴリー定式化すべての特徴を共有している。どちらも，妄想分裂ポジションと抑鬱ポジションの相互作用というクライン派の理論が表現する布置とは異なるように見える。私はこの外見上の断裂をあまり受け入れたくない。その基底にある調和を示す最も満足のいく定式化は，精神分析の実践に関係している。

　容器と内容という布置の論議は，本書のかなりの部分を占めてきた。だから，私がこの段階で比較的手短に，実践している精神分析者の使用するおそらく最も

関係である。

重要な機制であるものを記述するのは，驚くべきことのように見えるかもしれない。それは比較的容易に理解され，多言を要しない。それが本書の重要でない場所に見えるところを占めるのは，単にそれだけの理由からである。それはメラニー・クラインによる妄想分裂および抑鬱ポジションの記述に由来しており，読者はそこに立ち返るべきである。

　では手短に，実践する分析者に関わるこの事柄についての私の定式化を提示しよう。

　どのセッションでも精神分析者は，私が本書で述べたこと，特に記憶と欲望に関することに従った場合，素材がどれほどよく知っているものに見えようと，それの自分にも被分析者にも未知のものに関連する諸側面に気づくことができるはずである。自分が知っていることにしがみつこうとする試みは，妄想分裂ポジションに類比される心的な状態を達成するために，抵抗されなければならない。この状態に対して私は，それを「妄想分裂ポジション」から区別するために「忍耐 patience」という用語を造りだした。前者は，メラニー・クラインがそれを用いて記述した病理的状態のために残しておくべきである。私はこの用語に，苦しみ（suffering）と欲求不満に耐えることとの関連を残しているつもりである。

　「忍耐」は，あるパターンが「進展する」まで「事実と理由を性急に追い求め

る」〔キーツ〕ことなく維持されるべきである。この状態は，メラニー・クラインが抑鬱ポジションと呼んだものの類比である。この状態に対して私は，「安心security」という用語を用いる。

　私はこれに，安全と減少した不安との関連を残すつもりである。私は，分析者が解釈を与えるために必要とされる作業をなしたと信じる権利があるのは，彼が二つの相——「忍耐」と「安心」——を経た場合に限る，と考える。一方から他方への移行は，分析の終結期でのように非常に短いかもしれないし，長いかもしれない。妄想分裂及び抑鬱ポジションとして知られている病理的状態に一般に結び付けられる，迫害感と抑鬱感を免れる見込みがあると信じる精神分析者は，いたところでごく少数のはずである。要約すると，正しい解釈を達成したという感覚は一般に，ほとんど直ちにそれに抑鬱感が続くのが見られるだろう。私は，「忍耐」と「安心」の間の揺れの経験を，価値のある仕事がなされつつある指標として考える。

付録 D

標準版 W・R・ビオン著作目録

ハリー・カーナック編纂

W. R. ビオンの刊行された著書 24 冊。

『全集』に先立つもので，WRB 1-WRB 24 と呼称される。

WRB 1	*Experiences in Groups and Other Papers* London: Tavistock Publications and New York: Routledge, 1961. Reprinted Hove: Brunner-Routledge, 2001
WRB2	*Learning from Experience* London: William Heinemann Medical Books, 1962. (Reprinted in *Seven Servants* with WRB 3, WRB 4, & WRB 6. New York: Aronson, 1977.) Reprinted London: Karnac, 1984
WRB 3	*Elements of Psycho-Analysis* London: William Heinemann Medical Books, 1963. (Reprinted in *Seven Servants* with WRB 2, WRB 4, & WRB 6. New York: Aronson, 1977.) Reprinted London: Karnac, 1984
WRB 4	*Transformations: Change from Learning to Growth* London: William Heinemann Medical Books, 1965. (Reprinted in *Seven Servants* with WRB 2, WRB 3, & WRB 6. New York: Aronson, 1977.) Reprinted London: Karnac, 1984
WRB 5	*Second Thoughts: Selected Papers on Psycho-Analysis* London: William Heinemann Medical Books, 1967. Reprinted London: Karnac, 1984
WRB 6	*Attention and Interpretation: A Scientific Approach to Insight in Psycho-Analysis and Groups* London: Tavistock Publications, 1970. (Reprinted in *Seven Servants* with WRB 2, WRB 3, & WRB 4. New York: Aronson, 1977.) Reprinted London: Karnac, 1984
WRB 7	*Bion's Brazilian Lectures 1 – São Paulo*

	Rio de Janeiro: Imago Editora, 1973. Reprinted in *Brazilian Lectures* (revised & corrected edition) with WRB 8 in one volume, London: Karnac, 1990
WRB 8	*Bion's Brazilian Lectures 2 – Rio de Janeiro/São Paulo* Rio de Janeiro: Imago Editora, 1974. Reprinted in *Brazilian Lectures* (revised & corrected edition) with WRB 7 in one volume, London: Karnac, 1990
WRB 9	*A Memoir of the Future, Book 1: The Dream* Rio de Janeiro: Imago Editora, 1975. Reprinted in *A Memoir of the Future* (revised & corrected edition) with WRB 10, WRB 13, & WRB 15 in one volume, London: Karnac, 1991
WRB 10	*A Memoir of the Future Book, 2: The Past Presented* Rio de Janeiro: Imago Editora, 1977. Reprinted in *A Memoir of the Future* (revised & corrected edition) with WRB 9, WRB 13, & WRB 15 in one volume, London: Karnac, 1991
WRB 11	*Two Papers: The Grid and Cæsura* Rio de Janeiro: Imago Editora, 1977. Reprinted (revised and corrected edition) London: Karnac, 1989
WRB 12	*Four Discussions with W. R. Bion* Strath Tay: Clunie Press, 1978. Reprinted in *Clinical Seminars and other works* with WRB 18 in one volume (edited by Francesca Bion), London: Karnac, 2000
WRB 13	*A Memoir of the Future, Book 3: The Dawn of Oblivion* Rio de Janeiro: Imago Editora, 1977. Reprinted in *A Memoir of the Future* (revised & corrected edition) with WRB 9, WRB 10, & WRB 15 in one volume, London: Karnac, 1991
WRB 14	*Bion in New York and São Paulo* Strath Tay: Clunie Press, 1980
WRB 15	*A Key to A Memoir of the Future* Rio de Janeiro: Imago Editora, 1977. Reprinted in *A Memoir of the Future* (revised & corrected edition) with WRB 9, WRB 10, & WRB 13 in one volume, London: Karnac, 1991
WRB 16	*The Long Weekend: 1897–1919 (Part of a Life)* (edited by Francesca Bion) Abingdon: Fleetwood Press, 1982. Reprinted London: Free Association Books, 1986; reprinted London: Karnac, 1991
WRB 17	*All My Sins Remembered: Another Part of a Life* and *The Other Side of Genius: Family Letters* (edited by Francesca Bion) Abingdon: Fleetwood Press, 1985. Reprinted London: Karnac, 1991

WRB 18	*Clinical Seminars and Four Papers* Abingdon: Fleetwood Press, 1987. Reprinted in *Clinical Seminars and other works* with WRB 12 in one volume（edited by Francesca Bion）, London: Karnac, 2000
WRB 19	*Cogitations*（edited by Francesca Bion） London: Karnac, 1992. New extended edition London: Karnac, 1994
WRB 20	*Taming Wild Thoughts*（edited by Francesca Bion） London: Karnac, 1997
WRB 21	*War Memoirs* 1917–1919（edited by Francesca Bion） London: Karnac, 1997
WRB 22	*Clinical Seminars and Other Works*（edited by Francesca Bion） ［Single volume edition containing *Four Discussions with W. R. Bion*（WRB 12）and *Clinical Seminars and Four Papers*（WRB 18）］London: Karnac, 2000
WRB 23	*The Italian Seminars*（edited by Francesca Bion and transl. from the Italian by Philip Slotkin） London: Karnac, 2005［earlier edition *Seminari Italiani: Testo Completo dei Seminari tenuti da W. R. Bion a Roma*. Rome: Edizioni Borla, 1985］
WRB 24	*The Tavistock Seminars*（edited by Francesca Bion） London: Karnac, 2005

時系列リスト

1940	The War of Nerves: Civilian Reaction, Morale and Prophylaxis In: *The Neuroses in War*（pp. 180–200）, ed. E. Miller & H. Crichton-Miller, London: Macmillan, 1940	
1943	Intra-Group Tensions in Therapy: Their Study as the Task of the Group（with J. Rickman） *Lancet*, **2**, 678–681（27 Nov）	WRB 1: 11–26
1946	The Northfield Experiment（with H. Bridger and T. Main） *Bulletin of the Menninger Clinic*, **10**, 71–76	
1946b	The Leaderless Group Project *Bulletin of the Menninger Clinic*, **10**, 77–81	
1948a	Psychiatry at a Time of Crisis *British Journal of Medical Psychology*, **21**, 81–89	
1948b	Experiences in Groups I	WRB 1: 29–40

	Human Relations, **I**, 314–320	
1948c	Experiences in Groups II *Human Relations,* **I**, 487–496	WRB 1: 41–58
1948d	Group Methods of Treatment In: *Proceedings of the International Conference on Medical Psychotherapy, Vol. III* (pp. 106–109), ed. H. K. Lewis, London & New York: Columbia University Press, 1948	
1949a	Experiences in Groups III *Human Relations,* **2**, 13–22	WRB 1: 59–75
1949b	Experiences in Groups IV *Human Relations,* **2**, 295–303	WRB 1: 77–91
1950a	Experiences in Groups V *Human Relations,* **3**, 3–14	WRB 1: 93–114
1950b	Experiences in Groups VI *Human Relations,* **3**, 395–402	WRB 1: 115–126
1950c	The Imaginary Twin Membership Paper presented to the British Psychoanalytical Society, 1 Nov 1950	WRB 5: 3–22
1951	Experiences in Groups VII *Human Relations,* **4**, 221–227	WRB 1: 127–137
1952	Group Dynamics: A Review *International Journal of Psychoanalysis,* **33**, 235–247. Also in *New Directions in Psychoanalysis* (pp. 440–477), ed. M. Klein, P. Heimann, & R. E. Money-Kyrle, London: Tavistock Publications, 1955. (Republished in WRB 1 as: Re-View: Group Dynamics)	WRB 1: 141–191
1954	Notes on the Theory of Schizophrenia *International Journal of Psychoanalysis,* **35**, 113–118	WRB 5: 23–35
1955	Language and the Schizophrenic In: *New Directions in Psychoanalysis* (pp. 220–239), ed. M. Klein, P. Heimann, & R. E. Money-Kyrle, London: Tavistock Publications, 1955	
1956	The Development of Schizophrenic Thought *International Journal of Psychoanalysis,* **37**, 344–346	WRB 5: 36–42
1957a	The Differentiation of the Psychotic from the Non-Psychotic Personalities	WRB 5: 43–64

	International Journal of Psychoanalysis, **38**, 266-275	
1957b	On Arrogance International Journal of Psychoanalysis, **39**, 144-146	WRB 5: 86-92
1958	On Hallucination International Journal of Psychoanalysis, **39**, 341-349	WRB 5: 65-85
1959	Attacks on Linking International Journal of Psychoanalysis, **40**, 308-315	WRB 5: 93-109
1961	Melanie Klein - Obituary (with H. Rosenfeld and H. Segal) International Journal of Psychoanalysis, **42,** 4-8	
1962	The Psychoanalytic Study of Thinking International Journal of Psychoanalysis, **43,** 306-310. (Republished in WRB 5 as: A Theory of Thinking)	WRB5: 110-119
1963	The Grid	WRB 20: 6-21
1966a	Catastrophic Change Bulletin of the British Psychoanalytical Society, 1966, No. 5	
1966b	Medical Orthodoxy and the Future of Psycho-Analysis, by K. Eissler. New York: International Universities Press, 1965 [Review] International Journal of Psychoanalysis, **47**, 575-579	
1966c	Sexual Behavior and the Law, ed. R. Slovenko. Springfield: Thomas, 1964 [Review] International Journal of Psychoanalysis, **47**, 579-581	
1967a	Commentary (on earlier chapters in Second Thoughts)	WRB 5: 120-166
1967b	Notes on Memory and Desire Psychoanalytic Forum, **2** (3), 271-280. Reprinted in Melanie Klein Today Vol. 2: Mainly Practice (pp. 17- 21), ed. E. Bott Spillius, London: Routledge, 1988	WRB19: 380-385
1976a	Evidence Bulletin of the British Psychoanalytical Society, 1976	WRB 18: 313-320
1976b	Interview by A. G. Banet Jr. Los Angeles, 1976 Group and Organisation Studies, **1** (3), 268-285	WRB 24: 97-114
1977a	On a Quotation from Freud In: Borderline Personality Disorders, ed. P. Hartocollis, New York: International Universities Press, 1977	WRB 18: 306-311

1977b	Emotional Turbulence In: *Borderline Personality Disorders*, ed. P. Hartocollis, New York: International Universities Press, 1977	WRB 18: 295-305
1977c	*Seven Servants* (with an introduction by W. R. Bion) [Containing *Elements of Psycho-Analysis, Learning from Experience, Transformations*, and *Attention and Interpretation*] New York: Aronson, 1977	
1978	A Paris Seminar (10 July 1978): Une topique groupale. W. R. Bion et le groupe (published originally in French) *Revue Psychotherapie Psychanalytique de Groupe*, 1986 (Subsequently transcribed by Francesca Bion from audio-recordings)	
1979	Making the Best of a Bad Job *Bulletin of the British Psychoanalytical Society*, 1979	WRB 18: 321-331

アルファベット順リスト

1959	Attacks on Linking *International Journal of Psychoanalysis*, **40**, 308-315	WRB 5: 93-109
1966a	Catastrophic Change *Bulletin of the British Psychoanalytical Society*, 1966, No. 5	
1967a	Commentary (on earlier chapters in *Second Thoughts*)	WRB 5: 120-166
1956	The Development of Schizophrenic Thought *International Journal of Psychoanalysis*, **37**, 344-346	WRB 5: 36-42
1957a	The Differentiation of the Psychotic from the Non-Psychotic Personalities *International Journal of Psychoanalysis*, **38**, 266-275	WRB 5: 43-64
1977b	Emotional Turbulence In: *Borderline Personality Disorders*, ed. P. Hartocollis, New York: International Universities Press, 1977	WRB 18: 295-305
1976a	Evidence *Bulletin of the British Psychoanalytical Society*, 1976	WRB 18: 313-320
1948b	Experiences in Groups I *Human Relations*, **I**, 314-320	WRB 1: 29 40
1948c	Experiences in Groups II	WRB 1: 41-58

	Human Relations, **I**, 487–496	
1949a	Experiences in Groups III *Human Relations*, **2**, 13–22	WRB 1: 59–75
1949b	Experiences in Groups IV *Human Relations*, **2**, 295–303	WRB 1: 77–91
1950a	Experiences in Groups V *Human Relations*, **3**, 3–14	WRB 1: 93–114
1950b	Experiences in Groups VI *Human Relations*, **3**, 395–402	WRB 1: 115–126
1951	Experiences in Groups VII *Human Relations*, **4**, 221–227	WRB 1: 127–137
1963	The Grid	WRB 20: 6–21
1952	Group Dynamics: A Review *International Journal of Psychoanalysis*, **33**, 235–247. Also in *New Directions in Psychoanalysis* (pp. 440–477), ed. M. Klein, P. Heimann, & R. E. Money-Kyrle, London: Tavistock Publications, 1955. (Republished in WRB 1 as: Re-View: Group Dynamics)	WRB 1: 141–191
1948d	Group Methods of Treatment In: *Proceedings of the International Conference on Medical Psychotherapy, Vol. III* (pp. 106–109), ed. H. K. Lewis, London & New York: Columbia University Press, 1948	
1950c	The Imaginary Twin Membership Paper presented to the British Psychoanalytical Society, 1 Nov 1950	WRB 5: 3–22
1976b	Interview by A. G. Banet Jr. Los Angeles, 1976 *Group and Organisation Studies*, **1** (3), 268–285	WRB 24: 97–114
1943	Intra-Group Tensions in Therapy: Their Study as the Task of the Group (with J. Rickman) *Lancet*, **2**, 678–681 (27 Nov)	WRB 1: 11–26
1955	Language and the Schizophrenic In: *New Directions in Psychoanalysis* (pp. 220–239), ed. M. Klein, P. Heimann, & R. E. Money-Kyrle, London: Tavistock Publications, 1955	
1946b	Leaderless Group Project *Bulletin of the Menninger Clinic*, **10**, 77–81	

1979	Making the Best of a Bad Job *Bulletin of the British Psychoanalytical Society*, 1979	WRB 18: 321–331
1966b	*Medical Orthodoxy and the Future of Psycho-Analysis*, by K. Eissler. New York: International Universities Press, 1965 [Review] *International Journal of Psychoanalysis*, **47**, 575–579	
1961	Melanie Klein – Obituary (with H. Rosenfeld and H. Segal) *International Journal of Psychoanalysis*, **42**, 4–8	
1946	The Northfield Experiment (with H. Bridger and T. Main) *Bulletin of the Menninger Clinic*, **10**, 71–76	
1967b	Notes on Memory and Desire *Psychoanalytic Forum*, **2** (3), 271–280. Reprinted in *Melanie Klein Today Vol. 2: Mainly Practice* (pp. 17–21), ed. E. Bott Spillius, London: Routledge, 1988	WRB19: 380–385
1954	Notes on the Theory of Schizophrenia *International Journal of Psychoanalysis*, **35**, 113–118	WRB 5: 23–35
1957b	On Arrogance *International Journal of Psychoanalysis*, **39**, 144–146	WRB 5: 86–92
1958	On Hallucination *International Journal of Psychoanalysis*, **39**, 341–349	WRB 5: 65–85
1977a	On a Quotation from Freud In: *Borderline Personality Disorders*, ed. P. Hartocollis, New York: International Universities Press, 1977	WRB 18: 306–311
1978	A Paris Seminar (10 July 1978): Une topique groupale. W. R. Bion et le groupe (published originally in French) *Revue Psychotherapie Psychanalytique de Groupe*, 1986 (Subsequently transcribed by Francesca Bion from audio-recordings)	
1948a	Psychiatry at a Time of Crisis *British Journal of Medical Psychology*, **21**, 81–89	
1962	The Psychoanalytic Study of Thinking *International Journal of Psychoanalysis*, **43**, 306–310. (Republished in WRB 5 as: A Theory of Thinking)	WRB 5: 110–119
1977c	*Seven Servants* (with an introduction by W. R. Bion) [Containing *Elements of Psycho-Analysis*, *Learning from Experience*, *Transformations*, and *Attention and Interpretation*] New York: Aronson, 1977	

1966c	*Sexual Behavior and the Law*, ed. R. Slovenko. Springfield, IL: Thomas, 1964 ［Review］ *International Journal of Psychoanalysis,* **47**, 579–581	
1940	The War of Nerves: Civilian Reaction, Morale and Prophylaxis In: *The Neuroses in War* (pp. 180–200), ed. E. Miller & H. Crichton-Miller, London: Macmillan, 1940	

訳者あとがき

　本書は，全16巻（著作15冊＋索引）からなる The Complete Works of W. R. Bion, Karnac Books, 2014. の第15巻の全訳である。全集の最終巻らしく，本書にはこれまで刊行されていなかったビオンの四つの論文と覚書が収録されている。四つと書くのは，原書で編者がそう表現しているからで，目次を見て分かるように，論文は三本，もう一つの覚書と合わせて四つである。それらはいずれもビオンによるものだが，出版にあたって，この全集の編者はクリス・モーソンとなっている。そのため邦題は，主たる著者が見えるように，『ウィルフレッド・ビオン未刊行著作集』とビオンの名前を入れている。

　編者のモーソンは，実際に巻頭に，四つがどのような文脈で用意され，何を主題として述べ，どのような反響があったかなどについて簡潔に記している。それぞれの由来や大まかな内容は，それを御参照いただき，訳者としては，現代の日本の読者が読解に役立つかもしれないことを補足で述べておきたい。

　冒頭に置かれた論考「人間をどう概念化するか」は，原題の "The Conception of Man" をやや意訳した。『人間の概念化』あるいは『人間についての概念化』でもいけなくはなかったが，思想・哲学・宗教・精神医学などを専門領域とした知識人たちが「人間」の諸相を論じようとしていたと思われるので，こうした題を選んだ。もちろんそれは，ビオンの理解する精神分析ならば「人間をどう概念化するか」という問いである。予定されていた共著者は，サルトル・ブーバー・ヤスパースと，今もだが当時はおそらくもっと世界的に著名な人たちであり，ビオンが寄稿者の一人として彼らと肩を並べようとしていたならば，かなり身構えてもおかしくない。実際に彼が書いているのは，エディプス神話が知ることの諸要素から構成されているという読み方，情動的経験に対して回避するのか修正するのかという快原理・現実原理，万能性と原始的恐怖といった精神分析的な主題についてである。1961年という執筆時期が示すよ

うに，それらは『経験から学ぶこと』（1962）および『精神分析の要素』（1963）の中で，精神分析の理論としてより緻密なものに仕上げられていく。

しかしこれは草稿ではなく，推敲を経たかもしれないとしても，ほぼ発表稿だと考えられる。今読むとビオンの問題設定は，精神分析理論一般の文脈でしか受け取りにくいが，そこには批評対象と，時代的・個人的な背景があると思われる。批評対象とは，どんな本や著者を意識して書いたかということで，具体的には，彼が本文で触れているピエール・テイヤール・ド・シャルダンによる "Le phénomène humain"（1955）だろう。邦題は『現象としての人間』で，英訳題は "The Phenomenon of Man" とされており，この論文名とほぼ被っている。その著者は，地質学・古生物学研究者であるカトリックの司祭として，愛に満ちた知性圏 noösphere の成立を，進化の必然のように語る。「進化する地球における悪の位置と役割」に触れるのは，付録の数ページである。それに対してビオンが強調するのは，人間の「破壊能力」の高まりである。二人の第一次世界大戦経験は大きく異なり，世界情勢は1962年のキューバ危機に向かっている。ここでビオンが個人的経験を語ることはないが，その文明観は，『長い週末』でも時に吐露されている。

次の二つ，「貫く沈黙」（1976）と「新しくて改良された」（1977）はロサンゼルス時代の講演で，結果的に彼の晩年に行なわれたものである。ビオンの講義記録あるいはセミナー記録は一般に，分かりやすく読めるとは思われていない。字を追っていくことはできても，彼の問題意識を共有することは難しく，全体として何が言いたいのか分かりにくいことが少なくない。分かる部分は既に有名な言い回しで，ここに出て来たのか，と感銘を受けはするが，文脈から切り離された箴言になりがちである。質疑が掲載されている場合もあるが，やり取りで深まると言うより，何かずれていて聴衆の当惑を表していることが多い。ただ，この二本に関しては，極めて分かりやすい部類に入ると言えるだろう。沈黙のさまざまな意義については，誰しも考える機会があるだろうし，「新しくて改良された」が含む皮肉は程々で，聞き手も共有しやすそうである。

そうした点は，付録Cの二論文，「破局的変化」（1966）および「変形された容器と内容」（1970）と見比べるとはっきりする。その時期のビオンは旧来の精神分析を超えた普遍的な定式化を見出そうと模索しているようであり，文章の緊密度は高い。ここでは，編者モーソンが指摘しているように，そのよう

な提起は見られない。しかし，単に読み手としてではなく，その場にいたかのように，ビオンの沈黙や自分が聞き取る取捨選択について考えながら参加すると，興味深い経験となるだろう。その意味では，グループで読むのも一つかもしれない。

　最後の『続・思索ノート』は，ビオンに発表の意図が全くなかった覚え書きである。彼が通常の意味での理論的な著作を書いたのは 1970 年の『注意と解釈』が最後で，ここに収められているのは，その直前の時期，1968 年から 1969 年のものである。先立つ『思索ノート』が 1950 年代からの，アルファ機能論が精神病患者との臨床経験から推敲される過程を残しているのに対して，ここでは要約や再説が主である。その中で，1968 年 5 月と 6 月には，彼のもっと個人的な感慨が書かれていたようだが，編者は収録を控えている。これはおそらく開示されることがないものだろう。

　本書にはその他に，四つの付録が加えられている。付録の内訳は，全集の編集顧問であるフランチェスカ・ビオン未亡人による式辞，ビオンの職務と地位一覧，モーソンによるビオンの推敲過程の研究，そしてハリー・カーナック（カーナック書店の元社主である）による著作目録である。

　付録 A，フランチェスカ・ビオンによる「私たちの人生の日々」は，非常に分かりやすく，ビオンの生涯と仕事をコンパクトに辿ることができるばかりでなく，彼の生活や活動を内側から見ることができる。また，俯瞰するのにも適している。フランチェスカは，彼の諸概念や主題も分かりやすく整理しており，ビオン本人の書いたものを読むきっかけになればよいと思う。

　付録 B は，ビオンが思索のみではなく行動の人であることを窺わせる。本人が随所で，受勲歴が不名誉なことであるかのように述べるので，その世間的な価値を見過ごしてしまいかねないが，これらの集積は通常ありえない偉業だろう。

　付録 C は，編者によるビオンのテクストの対比である。彼が比較研究を最後に入れた理由は，「小さいが重要な差異を研究するため」と示唆されている。最も大きな差異は，題である。元々の「破局的変化」は，実際には「破局」についても「変化」についても，それほどの分量を論じてはいない。二つの論考はどちらも「容器と内容」というパターンのさまざまな現れを扱っているので，変更された題の方が内実を表している。他の目立つ違いは，著者の態度だ

ろうか。1970 年版は，自分の考察に関して直截的で，確信があるように映る。モーソンは自分の見解を一切付記しておらず，2020 年に急逝しているので，もはや彼の狙いを聞くことはできない。モーソンの仕事は，彼自身のいくつかの著作と，編集した『今日のビオン（*Bion Today*）』（Routledge）に見ることができる。

　最後の付録 D は，カーナックが出版した文献カタログ『ビオンの遺産』の第 1 部である（Karnac, H.（2008）. *Bion's Legacy: Bibliography of Primary and Secondary Sources of the Life, Work and Ideas of Wilfred Ruprecht Bion.* Karnac Books）。その第 2 部は，ビオン関連の著作と論文や論じた章を含む本を著者名のアルファベット順で，そしてビオン自身の本とビオンについての本の書評を列記している。それだけでも 100 以上の文献となるが，それからの 15 年間で，ビオンに直接間接に関わる文献は，数倍増えていることだろう。

　ビオン本人の著作は，フランチェスカ・ビオン編『長い週末』と『我が罪を唱えさせよ』（福村出版），それから『ブラジル講義』など，引き続き紹介の機会があるので，併せて御覧いただければと思う。

　最後に，翻訳出版事業が容易ではなくなりつつあるなか，実現へと導いていただいた誠信書房編集部中澤美穂氏そして楠本龍一氏に，深く感謝申し上げます。

2024 年 7 月

福本修

人名索引

事項索引

■訳者紹介■

福本　修（ふくもと　おさむ）
東京大学医学部医学科卒業。タヴィストック・クリニック成人部門精神分析的精神療法訓練
課程修了。
医学博士，精神保健指定医
Tavistock Qualification for Psychoanalytic Psychotherapist（British Confederation of
Psychotherapists registered）
国際精神分析協会正会員・日本精神分析協会訓練分析家
日本精神分析学会認定精神療法医・日本精神分析学会認定精神療法医スーパーバイザー
著書　『精神分析から見た成人の自閉スペクトラム──中核群から多様な拡がりへ』（共編著，
　　　誠信書房，2016），『現代クライン派精神分析の臨床──その基礎と展開の探究』（金
　　　剛出版，2013）『現代フロイト読本 1・2』（みすず書房，2008）他多数
訳書　『W・R・ビオンの三論文』（岩崎学術出版社，2023），『タヴィストック・セミナー』
　　　（岩崎学術出版社，2014），『精神分析の方法』（法政大学出版局，I，1999；II，共訳，
　　　2002）他多数

クリス・モーソン編

ウィルフレッド・ビオン未刊行著作集

2024 年 7 月 25 日　第 1 刷発行

訳　者　　福　本　　修

発 行 者　　柴　田　敏　樹

印 刷 者　　田　中　雅　博

発行所　株式会社　誠　信　書　房

〒112-0012　東京都文京区大塚 3-20-6
電話　03 (3946) 5666
https://www.seishinshobo.co.jp/

印刷／製本　創栄図書印刷㈱　　　　落丁・乱丁本はお取り替えいたします
検印省略　　　　　　　無断で本書の一部または全部の複写・複製を禁じます
©Seishin Shobo, 2024　Printed in Japan　　　ISBN978-4-414-41497-4 C3011

精神分析から見た
成人の自閉スペクトラム
中核群から多様な拡がりへ

福本 修・平井正三 編著

本書は極めて現代的なテーマである自閉スペクトラムの解明と打開に精神分析がいかに貢献できるかという点から収録された臨床例である。

A5判上製　定価(本体4800円+税)

精神分析の現場へ
フロイト・クライン・ビオンにおける対象と自己の経験

福本 修 著

フロイトの臨床との関連を知るためにその著作を読む作業は精神分析本来のものである「中へ入る」ことに近づこうとすることと一致する。

A5判上製　定価(本体3900円+税)